LA POINTE DE L'ÉPÉE

JACQUES LEMAIRE

A LA POINTE DE L'ÉPÉE

ILLUSTRATIONS DE JOB

TOURS

ALFRED MAME ET FILS, ÉDITEURS

M DCCC XCIX

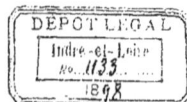

A LA POINTE
DE L'ÉPÉE

Au colonel DE POMMAYRAC

I

Où l'on verra l'influence de la cuisine
sur les relations des gentilshommes du xvie siècle.

'auberge du *Faisan doré* était en révolution.

« Holà, Margot, Gothon, Madelon, qu'on me
surveille cette broche! Antoine, Pierre, Joseph, Barnabé, empressons-
nous, qu'on étrille les chevaux et qu'on garnisse de foin le râtelier!
Béelzébuth confonde tous ces coquins, voyez un peu s'ils vont grouiller! »

Maître Jean-Baptiste Mautravers, l'hôte, répandait ses malédictions
en pure perte; la valetaille, habituée aux vociférations du gros homme,
n'en avait cure, et vaquait sans s'émouvoir aux services inhérents à
chacun avec une rare placidité; aussi tout marchait à souhait : un
gigantesque quartier de sanglier, embroché dans l'âtre, prenait des
tons dorés les plus appétissants du monde, la table était mise avec une
nappe d'une éblouissante blancheur, et dans l'écurie les chevaux, bien
pansés et luisants, dévoraient leur fourrage avec une évidente satisfaction.

Néanmoins le gros Jean-Baptiste, suant et soufflant d'un air important, s'attribua à part soi tout le mérite de ce bel ordre, et se promena d'un pas solennel, semblable à un puissant monarque au milieu de sa cour.

Soudain le pas de deux chevaux retentit sur la route, puis les sabots de deux autres résonnèrent non moins bruyamment.

« Hé! l'aubergiste! drôle! truand! marmiteux! Viendras-tu? »

Le majestueux propriétaire du *Faisan doré* courba l'échine avec une célérité qu'on n'eût pu soupçonner dans cette tonne ambulante, et une souplesse incontestablement due à une longue pratique de cet exercice.

Puis, mettant le bonnet à la main, il s'avança vers la porte, tandis qu'une autre voix clamait :

« Faut-il t'aller querir par tes longues oreilles, hôtelier de tous les diables? »

La courbe de l'échine s'accentua, et le nez rubicond dépassa l'huis timidement.

Mais à peine le gros homme eut-il jeté un rapide coup d'œil sur les arrivants, que brusquement, et comme mû par un ressort, il se redressa et remit son bonnet sur sa vaste tête.

Il est hors de doute que l'équipage des cavaliers ne comportait pas un accueil empressé. L'hôte était physionomiste, et par profession connaissait son monde; à première vue il eût pu dire à quelques livres près la fortune des gens.

Aussi fit-il une laide grimace après avoir repris sa position normale.

Le premier cavalier était un jeune homme de haute taille, d'allure décidée, à la figure ouverte et énergique, aux cheveux d'un noir presque bleu, et portant toute sa barbe, comme la mode le prescrivait en Navarre, en l'an de grâce 1572, à l'exemple du roi Henri, le Béarnais.

Toutefois, si le baron Henri de Bédarride était un seigneur de bonne mine, son ajustement ne marquait pas une fortune considérable : un pourpoint de velours marron quelque peu délabré, un buffle témoignant de longs et durs services, de hautes bottes passablement fatiguées,

Le premier cavalier était un jeune homme de haute taille, d'allure décidée.

et une toque dont une plume d'aigle, orgueilleusement dressée vers le ciel, dominait l'étoffe râpée : tel était le costume du jeune Gascon. Mais il ne laissait pas de porter haut la tête, comme si ce piètre accoutrement eût été le plus magnifique du monde.

Celui du second arrivant, qui se nommait le chevalier René de Gaillac, ne différait pas sensiblement du précédent, sauf la couleur de son vêtement jadis vert et maintenant d'une tonalité curieusement indécise.

Le valet du baron, répondant au nom harmonieux de Bigorre, et celui du chevalier, appelé plus modestement Putois, suivaient leurs maîtres, montés sur des chevaux dont la maigreur égalait celle des montures de leurs seigneurs, ne la pouvant dépasser; car, comme dit le proverbe, « à l'impossible nul n'est tenu. »

Jean-Baptiste, ayant considéré cette cavalcade avec un profond mépris, tourna froidement les talons et rentra, sans daigner même prononcer une parole.

Cet acte majestueux eut pour la gloire de son auteur des conséquences déplorables.

Bédarride avait mis pied à terre, et malheureusement il se trouvait proche de l'aubergiste; comme poussé par une puissance invisible, sa botte droite se leva brusquement, et si Jean-Baptiste ne reçut pas un formidable coup de pied dans le ventre, c'est pour cette unique raison qu'il tournait le dos. Quoi qu'il en soit, il s'en fut rouler à dix pas dans la cuisine, à la vue de toute la valetaille, saisie de respect devant cette manifestation de vigueur.

En même temps, Gaillac était descendu de son cheval à son tour, et les deux gentilshommes pénétrèrent dans la maison.

« Maintenant que je t'ai donné les quelques explications que tu demandais, mon drôle, fit le baron, tu vas me servir à souper et donner des ordres pour qu'on prenne soin de ma jument ainsi que de celle de mon valet.

— Et tu en feras autant pour moi, » ajouta Gaillac.

Puis les deux jeunes gens allèrent prendre place à deux tables placées aux deux extrémités de la pièce.

Ils ne semblaient pas désireux de lier conversation ensemble, malgré l'analogie de leur situation et le hasard de leur rencontre, et cependant ils se connaissaient depuis l'âge le plus tendre.

Henri de Bédarride et René de Gaillac avaient été élevés avec le roi de Navarre, Henriot, — ainsi appelaient-ils familièrement le futur successeur des Valois; — leur enfance s'était écoulée en compagnie du prince, courant avec lui les forêts, vagabondant à l'air libre dans les montagnes, jouant perpétuellement à la guerre, non sans donner et recevoir nombre de horions, au grand détriment des culottes de cette jeune cour, qui faisait de l'intime vêtement une consommation exagérée.

Mais René de Gaillac était catholique, tandis que Henri de Bédarride était huguenot. Le chevalier était blond, délicat et presque frêle, avec des façons douces et simples; le baron était brun et de complexion rude, avec cependant une grande tendresse de sentiments qu'il cachait soigneusement.

Le contraste était tel, qu'il en devait résulter tout au moins une amitié étroite ou une sérieuse antipathie.

La même cause qui perdit Troie détermina dans ces deux cœurs également vaillants et loyaux, — si bien faits pour se comprendre et s'apprécier cependant, — une haine profonde.

Près de la reine Jeanne d'Albret, qui la tenait en affection singulière était une enfant orpheline, dont les parents avaient rendu d'éclatants services autrefois à la monarchie navarraise.

Odette de Fougeray, demeurée seule, sous la tutelle de son frère, le comte de Fougeray, avait été recueillie à la petite cour de Pau; elle y avait grandi; maintenant c'était une ravissante jeune fille, brune, d'une sveltesse élégante, encore que l'ensemble sculptural des lignes révélât une nature vigoureuse et énergique.

Les deux jeunes compagnons du roi Henri s'étaient épris en même temps de cette jolie Odette, et certes ce n'était pas l'ambition qui déterminait chez eux cette passion vraie : leur amour était pur, chaste et simple, comme dans la plupart des âmes robustes et saines, élevées en liberté au grand air incorrompu de la nature.

L'objet de cette double affection s'était bien aperçu de l'effet produit par sa beauté; mais elle n'avait eu garde d'en rien témoigner, et d'ailleurs elle ne ressentait encore elle-même nulle préférence marquée pour l'un ou l'autre des rivaux.

Le frère de la jeune fille, le comte Adamastor de Fougeray, bien au contraire, se répandait en protestations de dévouement à toute épreuve et de merveilleuse amitié, aussi bien pour le baron que pour le chevalier.

Telle était sa nature, qu'il se montrait universellement aimable et offrait ses services à tout venant, — pourvu toutefois qu'il ne lui en coûtât rien, — avec une bienveillance d'une lamentable banalité, dans le désir insatiable de voir autour de lui des figures éternellement souriantes et affables.

Il tenait en outre à ménager sérieusement les deux favoris du souverain, se faisant à part lui ce logique raisonnement : qu'au moment décisif il marquerait une définitive préférence à celui des deux qui atteindrait la plus haute situation, se réservant en même temps de conserver l'amitié de l'autre.

En résumé, c'était un ambitieux effréné, résolu à tout et fermement décidé à arriver à tout prix.

Il donnait donc les mêmes bonnes paroles à René et à Henri, avec une louable impartialité, les assurait de son concours dévoué, et ménageait, — comme s'exprime le dicton populaire, — la chèvre et le chou.

Aussi, quand on fut sur le point de célébrer le mariage du roi de Navarre avec Mme Marguerite de Valois, intrigua-t-il si bien, qu'il fit nommer Odette fille d'honneur de la jeune reine, en usant adroitement du crédit de sa tante, Mme de Leucade, une vieille femme évaporée, fort bien en cour et très appréciée de Catherine de Médicis, dont elle servait les desseins par plaisir, afin de satisfaire son goût prononcé pour l'intrigue.

Lorsque Bédarride et Gaillac apprirent le départ de Mlle de Fougeray, ils eurent la même pensée, s'en aller à Paris, eux aussi, retrouver l'objet de leur passion.

L'argent leur manquant, ils vendirent quelques bribes de terre dont ils vivaient chichement, et nos étourdis partirent à la conquête de la dame de leurs pensées, avec la belle insouciance de la jeunesse, l'escarcelle un peu vide, mais la douce espérance au cœur, et dans la tête le soleil de leurs vingt ans.

C'est ainsi qu'ils se rencontrèrent dans l'auberge du *Faisan doré*, où ils reçurent un accueil médiocrement empressé.

Maître Mautravers, malgré l'énergie déployée par Bédarride, semblait encore peu disposé à servir ses hôtes.

« Ah çà! cria le baron, vas-tu faire ce qu'on te commande? et faut-il te frotter les épaules avec le balai de ta cuisine?

— Mon gentilhomme, repartit froidement Jean-Baptiste, je ne puis vous recevoir chez moi.

— En vérité!... N'es-tu pas aubergiste?

— Pour vous servir.

— Maugrebleu! la réplique est bonne. Alors sers-moi.

— Impossible, toute ma maison est retenue.

— Et par qui?

— Par M. le duc de la Roche-Tremblaye et sa suite.

« Ce sont tous bons catholiques, ajouta l'hôte non sans une pointe d'ironie, et si vous êtes, comme il me semble, de la religion, il vous serait peut-être aussi pénible qu'à eux... »

Il ne put achever et poussa des cris lamentables.

Le baron avait mis ses menaces à exécution, et, sautant sur un balai, il avait détourné cet inoffensif ustensile de sa destination primitive pour rouer de coups l'insolent.

Jean-Baptiste poussait de tels beuglements, que le duc et ses compagnons arrivèrent au bruit.

« Quel est ce tapage? interrogea le grand seigneur.

— C'est ce gentilhomme, répliqua le battu, qui veut se faire servir de force, quoique je lui aie dit que Monseigneur m'avait fait l'honneur de retenir toute ma maison. D'ailleurs, c'est un parpaillot...

— Les injures de ce manant ne m'atteignent pas, fit dédaigneusement Bédarride, mais je pense, monsieur le duc, que vous ne trouverez pas mauvais que j'use du droit de tout voyageur, de se faire servir dans une auberge, retenue ou non.

— Monsieur, répondit la Roche-Tremblaye, j'ai loué la maison, je la garde pour mes amis et moi, et je n'en céderai pas la moindre part à un huguenot.

— Sandiou! tonna le baron, vous me rendrez raison de ce mot-là, monsieur.

— Si cela peut vous être agréable, monsieur, je n'y vois aucun inconvénient. Mais qui vous servira de seconds?

— Moi! dit Gaillac en se levant.

— Toi!... Vous!... s'exclama Bédarride.

— Et pourquoi non, je vous prie?

— Mais parce que... vous êtes catholique,... et puis...

— Je suis votre compatriote, monsieur, interrompit René d'un ton glacial, et je ne dois pas vous laisser dans l'embarras. Messieurs, poursuivit-il plus haut, j'espère que l'un de vous nous fera l'honneur de passer de notre côté?

— Mais comment donc! fit un des amis du duc, avec grand plaisir,

monsieur; c'est d'ail-
leurs une façon de
passer les quelques
instants qui nous sé-
parent encore de
l'heure du souper. »

La Roche-Trem-
blaye avait choisi ses
seconds lui aussi, et les six
adversaires sortirent.

L'épée de René disparut presque tout entière dans la poitrine du gentilhomme.

« Il n'est pas nécessaire de nous éloigner beaucoup, remarqua le baron.

— Nous serons fort bien ici, » approuva-t-on unanimement.

Bédarride et ses seconds se placèrent en face du duc et des siens. Tous se saluèrent fort courtoisement; puis les épées furent tirées, les fourreaux jetés au loin, et le combat commença.

Les Gascons étaient passés maîtres en matière d'escrime; mais leurs adversaires étaient redoutables, et longtemps l'issue du combat demeura indécise.

Tout à coup René, profitant d'une faute de son partenaire, se fendit à fond, et son épée disparut presque tout entière dans la poitrine du gentilhomme, qui tomba.

Un instant après le duc s'affaissait, la cuisse traversée par la rapière du baron.

Les deux autres ferraillaient toujours.

« Messieurs, fit Bédarride, ne pensez-vous pas que nous pourrions en rester là pour cette fois?

— Allons souper, » approuva le duc en lui tendant la main.

Le premier blessé fut transporté dans sa chambre en assez triste état, et la Roche-Tremblaye, après un pansement qu'il se fit lui-même, faute de barbier-chirurgien, prit place à table :

« Le meilleur moyen de faire connaissance, dit-il, c'est de se rencontrer face à face, l'épée à la main. Maintenant, si je puis vous être utile, baron, et à vous aussi, chevalier, usez de moi, je vous prie. »

Bédarride voulut adresser à Gaillac un mot de gratitude, mais un regard glacial l'arrêta.

II

Dans lequel le comte de Fougeray déploie vainement toutes les ressources
de son esprit diplomatique.

Il n'est pas inutile, pour la clarté des événements qui vont suivre,
de rappeler brièvement quelle était la situation politique à Paris, au
moment où Bédarride et Gaillac pénétrèrent dans la grande ville,
dans le modeste appareil que l'on sait.

Les guerres de religion semblaient s'apaiser; Charles IX s'était
rapproché de l'amiral de Coligny, chef du parti huguenot, et le
mariage du roi de Navarre avec Marguerite de Valois, sœur du roi
de France, semblait un gage sincère et durable de la réconciliation
des deux partis.

Le contrat s'était signé à Blois, au mois d'avril. Après des fêtes
magnifiques, la cour se rendit à Paris, où la cérémonie nuptiale devait
être célébrée en l'église Notre-Dame. Mais, vingt jours après son
arrivée au Louvre, Jeanne d'Albret, mère du futur Henri IV, mourut
d'une affection au cœur.

Les calvinistes se hâtèrent de répandre le bruit qu'elle avait été
empoisonnée par une paire de gants que lui avait fournie René, par-
fumeur de Catherine de Médicis, et voulurent jeter l'odieux de ce
prétendu attentat sur les catholiques.

Les médecins trouvèrent au côté de la princesse une lésion qu'ils
proclamèrent être la cause naturelle de ce trépas subit, et l'efferves-
cence générale se calma peu à peu.

Le baron de Bédarride et le chevalier de Gaillac avaient, en arrivant,
pris leur logement dans la même hôtellerie, la *Croix d'argent*, non

par l'effet du hasard, qui semblait acharné à réunir éternellement les deux rivaux, mais simplement parce que c'était là que se rendaient tous les Gascons venant à Paris, gens peu favorisés par la fortune et satisfaits de la maigre pitance de Léonard Lehuret, bien connu pour faire faire à ses hôtes une chère détestable, mais à des prix d'une rare modicité.

Comme le chevalier était venu pour le mariage de « Henriot », on pourrait supposer que sa première pensée fut d'aller faire sa cour au royal fiancé.

Point. À cet âge, l'ambition tient la seconde place ; aussi le jeune homme songea-t-il tout d'abord à se rendre chez Mᵐᵉ de Leucade, pour faire une visite au comte de Fougeray et à sa gentille sœur Odette.

Aussi, dès six heures du matin, appela-t-il son valet à tue-tête :

« Putois! Viens çà, drôle ; le soleil est levé, ne vas-tu pas dormir tout le jour?

— Me voici, monsieur le chevalier. »

Et le fidèle serviteur, se vêtant à la hâte, accourut, les yeux encore tout bouffis de sommeil.

« Voyez un peu ce coquin, qui s'engraisse dans la fainéantise! »

C'était une hyperbole toute méridionale, car les os du valet s'apercevaient à travers sa peau et la menaçaient de perforation à un point alarmant.

« Apporte-moi mes plus beaux habits, j'ai à faire une visite de cérémonie.

— Monsieur le chevalier n'ignore pas, repartit Putois timidement, qu'il ne possède pour toute garde-robe que le costume avec lequel il est venu.

— Je mettrai donc celui-là, » conclut imperturbablement Gaillac.

Jamais René n'avait consacré autant de temps à sa toilette.

Il poussa la coquetterie jusqu'à faire emplette de gants neufs, et, regardant avec complaisance son pourpoint râpé et ses chausses indigentes, il se montra fort satisfait de cette galante tenue.

L'heure était encore un peu bien matinale pour s'aller présenter dans une maison aussi élégante que l'hôtel de Leucade; mais notre gentilhomme ne savait point les choses; il était habitué aux mœurs simples du Béarn, et c'est avec la dernière surprise qu'il s'entendit répondre par un valet :

« Ces dames ne sont point encore levées. »

L'air un peu dédaigneux du drôle inspira à René une violente envie de le gratifier de quelques coups de pieds bien placés, mais il se contint, pensant avec quelque raison que, venant pour la première fois chez Mme. de Leucade, il ne serait peut-être pas d'un goût parfait de battre ses gens.

Comme il s'en retournait, de fort méchante humeur, la tête basse et les yeux fixés vers la terre, il heurta quelqu'un venant en sens inverse.

« Le diable vous brûle, maladroit ! s'écria-t-il.

— Grand merci du souhait, monsieur de Gaillac, riposta une voix bien connue.

— Monsieur de Bédarride !

— Lui-même, qui ne serait pas fâché, ne vous déplaise, de continuer tantôt une conversation si bien commencée.

— Ce sera un véritable plaisir pour moi, monsieur.

— Ne vous plairait-il pas de visiter, vers quatre heures cet après-midi, le Pré-aux-Clercs, monsieur? C'est un endroit fort curieux et d'un pittoresque achevé, paraît-il.

— Assurément, et pour que la fête soit plus agréable encore, nous amènerons avec nous chacun deux amis, n'est-il pas vrai ?

— J'allais vous en prier, monsieur.

— A tantôt donc, monsieur ; je suis bien votre serviteur.

— Et moi, monsieur, je suis le vôtre. »

Les deux gentilshommes se séparèrent en se saluant courtoisement ; à les voir, on eût dit qu'ils venaient de se souhaiter cordialement le bonjour en échangeant amicalement quelques banalités courantes.

En s'éloignant, René se sentait de meilleure humeur et souriait dans sa barbe blonde.

« Mordiou ! songeait-il, voilà qui est fort plaisant, mon ami le baron va subir la même mésaventure que moi... Et nous allons vider enfin notre différend ; tout va donc pour le mieux, et la journée ne commence pas mal. »

De son côté, Bédarride était également de joyeuse humeur.

« Parbleu ! murmurait-il en hâtant le pas, le chevalier semblait fort encharibotté : il y a fort à parier qu'il a été mal reçu chez les Fougeray, car il vient de chez eux à coup sûr. En outre je compte bien lui offrir aujourd'hui même un joli coup d'épée, qui me débarrassera d'un rival fort gênant. Mes affaires marchent donc bien ; la vie est décidément une belle chose. »

Quelques heures après cet incident, Henri et René se trouvaient réunis dans le salon de Mᵐᵉ de Leucade.

La vieille dame, les voyant se saluer avec une froideur polie, s'était imaginé qu'ils ne se connaissaient point ; elle avait entrepris de les présenter l'un à l'autre et s'était mis en tête de les lier d'amitié, pensant faire œuvre pie en établissant de cordiales relations entre un catholique et un huguenot.

Les idées du jour étaient à l'apaisement, et Mᵐᵉ de Leucade, ainsi que nous l'avons dit, se piquait volontiers d'intrigues politiques.

Les adversaires étaient au supplice ; Odette s'efforçait de modérer les élans généreux de sa tante, et Adamastor de Fougeray se répandait en affectueuses protestations auprès de l'un et l'autre tour à tour ;

mais la maîtresse de la maison n'avait cure de tous ces discrets avertisse-
ments, elle insistait avec la plus louable persévérance.

Cette situation devenait intolérable ; aussi les victimes de la charitable
dame ne tardèrent-elles pas à prendre congé, encore que l'envie ne leur
manquât point de rester.

Les deux gentilshommes se séparèrent en se saluant
courtoisement.

M. de Fougeray les reconduisit pour leur répartir encore, en égale
quantité, les plus gracieuses paroles de son courtisanesque répertoire.

Odette était restée seule avec Mme de Leucade.

« Ma bonne tante, fit-elle doucement, comment trouvez-vous nos
amis les Béarnais?

— Fort bien, mon enfant; ils sont distingués, de bonne mine et
me semblent posséder toutes les qualités de gentilshommes accomplis...

— Vraiment ! interrompit la jeune fille joyeusement.

— Certes ! Je leur ai reconnu un seul défaut, cette froideur extrême...
Ils manquent de liant, positivement ils manquent de liant.

— Mais, ma tante, ils ont pour cela une excellente raison.

— Laquelle ?

— Ils sont ennemis mortels.

— Miséricorde ! clama l'excellente dame ; ne pouvais-tu m'avertir plus tôt ! Quel pas de clerc m'as-tu laissé faire là, mon Dieu !...

— Nous avons essayé de vous avertir discrètement, et nous n'avons pu nous faire comprendre.

— C'est du joli !... Mais dis-moi, chère enfant, pourquoi ces jeunes gens ont-ils conçu l'un pour l'autre une telle inimitié ? Ne m'as-tu pas conté qu'ils avaient été élevés ensemble avec le roi de Navarre ?

— Précisément, dit Odette en rougissant.

— C'est donc une rivalité d'ambition ?

— Pas tout à fait, ma tante.

— Alors c'est donc... Tu rougis, petite fille ; j'ai maintenant deviné, je crois. Ne sois pas confuse ainsi, tu es assez jolie pour voir bien d'autres seigneurs de plus d'importance aspirer à ta main. Voyons, parle-moi tout net ; as-tu quelque préférence ?

— Je n'en avais pas autrefois...

— Cela signifie que tu en as une aujourd'hui. Et quel est l'heureux soupirant distingué par Mlle Odette ?

— C'est René de Gaillac, ma tante. J'ai cru longtemps ne pencher ni pour l'un ni pour l'autre, mais à présent...

— Tu as fait ton choix. Fort bien ; dans ce cas, après le mariage du roi de Navarre, nous pourrions bien en célébrer un autre.

— Si mon frère y consent, soupira Mlle de Fougeray.

— Sans doute, puisque Adamastor est ton tuteur et le chef de la famille ; mais il n'a aucune raison de s'opposer à tes vœux : le chevalier est catholique comme nous, il n'a pas grande fortune, j'imagine ; mais il est bien en cour, et je le recommanderai à la reine mère.

— Oh ! ma bonne petite tante, je vous en prie, accordez-moi votre appui, car mon frère choisira celui des deux qui obtiendra le plus tôt la charge la plus élevée.

— Bien, bien, mignonne ; compte sur moi et ne t'inquiète de rien. »

Le soir de ce mémorable entretien, on rapportait à l'auberge de la *Croix d'argent* le baron de Bédarride, avec un coup d'épée en pleine poitrine, et le chevalier de Gaillac rentrait peu après, l'épaule traversée par la rapière de son ancien ami.

René demeura trois semaines dans son lit, et pendant ce temps

Mme de Leucade, tenant sa promesse, lui fit obtenir une lieutenance aux gardes, dont le brevet lui parvint quelques jours après la cérémonie du mariage du roi de Navarre.

Quand le chevalier reçut la nouvelle de sa nomination, il appela Putois, éprouvant le besoin impérieux de conter son bonheur à quelqu'un.

« Vois-tu, conclut-il, grâce à ce poste si envié, je suis sûr de l'emporter sur mon rival et d'obtenir la main de Mlle de Fougeray. »

Le valet secoua la tête d'un air soucieux.

« Qu'as-tu donc? tu ne parais pas comprendre...

— Je comprends bien, monsieur; et je suis fort heureux...

— Il n'y paraît guère !

— C'est que je le serais bien davantage, si M. le baron...

— Eh bien ! le baron?... Achève, coquin, tu me fais mourir avec tes réticences.

— Je n'ose pas...

— Faut-il te rouer de coups pour te faire parler?

— Voilà, monsieur, je n'osais pas vous annoncer que... M. le baron de Bédarride... vient d'être, lui aussi, nommé lieutenant aux gardes du roi, grâce à l'appui de M. l'amiral de Coligny. »

René tomba du septième ciel sur la terre.

Quand il fut remis, il courut chez Mme de Leucade ; il était maintenant reçu à l'hôtel sur le pied de la plus étroite intimité. Aussi entra-t-il sans être annoncé.

Le premier visage qu'il aperçut fut celui du baron.

Le huguenot n'était pas plus satisfait que Gaillac.

Voyant le chevalier gagner du terrain, il résolut de faire sa demande sans plus tarder, et il sollicita du comte Adamastor un moment d'entretien en particulier.

Ce que voyant, Gaillac réclama la même faveur.

Pareilles furent les deux demandes, semblables furent les deux réponses.

Fougeray, dans les mêmes termes également affectueux, assura chacun des deux prétendants de sa préférence absolue pour lui, déclara qu'il savait sa sœur dans les mêmes sentiments ; puis il conclut en demandant un délai d'une année, Odette étant véritablement bien jeune encore.

Quand les visiteurs se furent retirés, fort mécontents, le comte sourit :

« Dans un an, se dit-il à part lui, les événements auront marché ; je pourrai alors faire mon choix. Ils vont bien, ces jeunes gens, mais ils ne peuvent rester éternellement ainsi, manche à manche. Nous verrons qui sera le plus heureux des deux... »

Odette attendait impatiemment le résultat de ce double entretien.

Quand elle vit partir successivement René et Henri la tête basse, elle comprit et jeta un triste regard sur sa tante.

« Mon enfant, dit Mᵐᵉ de Leucade, c'est la politique qui décidera de ton avenir. Je vais travailler pour toi. »

III

Où l'on verra le danger d'écrire deux lettres à la fois.

Le comte Adamastor de Fougeray n'était pas homme à laisser deux personnages aussi influents que nos héros en proie à leur méchante humeur.

Bédarride, après avoir passé la soirée chez l'amiral de Coligny, son protecteur, trouva, en rentrant à l'hôtel, deux billets qu'il décacheta aussitôt.

Le premier était ainsi conçu :

« Mon cher Gaillac,

« Je crains que vous n'ayez pris d'un méchant côté la réponse que je vous ai faite, touchant votre demande. Je me flatte que vous ne m'en garderez aucun ressentiment ; j'ai simplement retardé, par de graves motifs et non sans un réel déplaisir, la joie que j'aurai à vous avoir pour beau-frère. Sachez que toute ma préférence est pour vous ; je vous le prouverai un jour.

« Votre bien affectionné,

« ADAMASTOR, COMTE DE FOUGERAY.

« Paris, ce samedi 24 août.

« N'ayez nul souci du baron, Odette ne peut le souffrir. »

La seconde lettre était exactement semblable à la première, sauf en ce point qu'elle était adressée à Bédarride, et que le post-scriptum marquait l'invincible répulsion de Mlle de Fougeray pour René.

Le chevalier avait ajouté en marge de l'autre missive :

« Je vous renvoie ce mot, il vous est destiné, et je ne fais nul doute que vous en ayez reçu un semblable pour moi. Le comte s'est trompé d'adresse ; grâce à ce hasard, nous voici éclairés sur ses sentiments.

« GAILLAC. »

Le baron bondit de fureur.

« Bigorre ! » appela-t-il avec rage.

Le valet parut à moitié vêtu.

« Procure-toi des torches sur-le-champ, et suis-moi !

— Monsieur le baron va sortir à cette heure? interrompit piteusement Bigorre en dissimulant avec peine de prodigieux bâillements.

— Je vais mettre le feu à l'hôtel de Leucade. Prends ton arquebuse, nous en aurons peut-être besoin. »

A ce moment minuit sonnait.

Bédarride ouvrit la porte de sa chambre,... il demeura tout à coup immobile d'étonnement.

Toutes les cloches des églises de Paris sonnaient le tocsin ; des coups de feu retentissaient dans toutes les rues, et dans le ciel montait la lueur rougeâtre de plusieurs incendies.

Le baron était brave, mais il se sentit un instant envahi par un frisson de terreur.

« Qu'est-ce donc? » murmura-t-il d'une voix étouffée.

Malgré le bruit du dehors, on entendait les dents de Bigorre claquer comme des castagnettes.

La peur du valet rendit au maître son courage.

« Mordiou! exclama-t-il, allons voir ce qui se passe.

— Halte-là! » cria une voix.

L'escalier s'inonda de lumière, et une troupe d'hommes armés apparut sur les marches.

Tous portaient au chapeau et au bras la double croix de Lorraine. L'hôte de la *Croix d'argent* était à leur tête et semblait les guider.

« Holà! maître Lehuret, que signifie tout ce tapage?

— Il signifie que c'est aujourd'hui la Saint-Barthélemy, fixé par notre bon roi Charles IX pour débarrasser la France de tous les huguenots. »

Cette réponse fut accueillie par des cris frénétiques de : « Vive le roi! Mort aux parpaillots!

— Sandiou! clama le baron, venez-y donc, et avant que vous

ayez débarrassé la France de Bédarride, plus d'un d'entre vous aura
mordu la poussière.

— En avant! mes amis, et sus au huguenot!

— A mort! à mort! » cria l'aubergiste, hurlèrent les assaillants
en se précipitant comme un torrent dans l'escalier.

Henri tira son épée et attendit, adossé au mur.

Bigorre était placé à son côté, tremblant de tous ses membres ;
il tenait son arquebuse comme s'il eût voulu en faire présent à ses
adversaires, plutôt que s'en servir contre eux.

Bientôt le baron fut entouré.

Vingt épées ou hallebardes menaçaient sa poitrine.

Avec sa terrible rapière, il parait de son mieux les coups venant
de tous les côtés à la fois ; de temps en temps sa lame, avec une
rapidité foudroyante, disparaissait dans l'océan humain dont les flots
le pressaient.

Un homme tombait. Mais aussitôt un autre le remplaçait, plus
acharné encore.

Le pauvre Bigorre, fou de terreur, avait déchargé son arquebuse
au hasard ; puis il s'était laissé tomber faisant le mort, et maintenant
il était foulé aux pieds sans ménagements, et, tout meurtri, n'osait
se plaindre de peur qu'on n'eût l'idée de l'achever.

Le baron luttait courageusement ; mais ses forces s'épuisaient, ses
tempes battaient avec force, un double voile lui passait devant les
yeux...

Il allait succomber, hors d'haleine.

Soudain, une violente poussée se produisit : maître Lehuret roula au
bas des marches, à moitié assommé par un formidable coup de pommeau
d'épée sur le crâne, et un gentilhomme de haute taille surgit, précédant
quelques gardes du roi et criant de toute la force de ses poumons :

« Arrière, lâches coquins ! »

Avec sa terrible
rapière, le baron paraît
de son mieux
les coups venant de tous
les côtés à la fois.

Quoi qu'ils en eussent, les assaillants reculèrent, et, voyant l'air décidé des nouveaux venus, battirent en retraite, non sans maugréer, avec l'air d'un chien à qui l'on vient d'arracher un os.

Bédarride avait repris ses sens.

« Comment! monsieur de Gaillac, c'est à vous que je dois la vie!

— Non, monsieur, répondit froidement le chevalier, c'est à Dieu; il n'a pas permis que vous fussiez victime d'un lâche assassinat, remerciez-le de m'avoir placé sur votre chemin pour agir comme tout bon catholique eût agi à ma place. »

Et, après avoir salué le baron interdit, il s'éloigna et disparut bientôt dans le tumulte de la rue.

Henri de Bédarride était sauvé, mais il eût presque préféré succomber sous les coups de Lehuret plutôt que de devoir la vie à son généreux rival; il ne pouvait s'empêcher d'admirer la grandeur d'âme de René, et cependant il souffrait de lui avoir cette obligation.

Sa seconde pensée fut pour l'amiral de Coligny; peut-être allait-on chercher à le mettre à mort lui aussi, et la place du baron était auprès de lui, pour le défendre ou mourir sous ses yeux.

Il voulut se précipiter au dehors.

Les gardes l'arrêtèrent.

On leur avait recommandé de le garder à vue toute la nuit.

« Alors je suis prisonnier! » rugit le baron.

Les geôliers improvisés lui expliquèrent le motif de cette mesure rigoureuse. Le roi avait donné l'ordre de massacrer tous les huguenots, et si Bédarride sortait, il serait perdu sans ressource. La consigne était formelle, et il ferait mieux de se résigner, car on devait le garrotter au besoin.

Henri se résigna et demeura éveillé jusqu'à l'aube, saisi d'horreur et en proie aux plus tristes pensées.

On a beaucoup écrit et violemment controversé sur cette fameuse

Saint-Barthélemy; rarement on l'a jugée avec impartialité, plus rarement encore peut-être on a raconté les faits tels qu'ils se sont passés et en les plaçant sous leur jour véritable.

Il n'est pas hors de propos de résumer ici brièvement les points importants de cette page célèbre de l'histoire.

On a voulu, avec la plus insigne mauvaise foi, rendre le catholicisme responsable des excès commis et surtout des mesures prises par le roi.

C'est une étrange erreur, car la politique fut la seule coupable, et dans les intrigues des deux partis la question religieuse n'avait que faire : elle était une simple étiquette, une pure dénomination, servant de prétexte aux ambitions des uns comme aux haines des autres.

Coligny avait su gagner l'oreille de Charles IX; il en avait profité pour l'exhorter à se débarrasser de la tutelle de sa mère Catherine de Médicis, insinuant, non sans quelque perfidie, qu'elle cherchait à donner le pouvoir à son fils préféré le duc d'Anjou, afin de perpétuer sa propre influence. Ces discours insidieux firent sur l'esprit du souverain une impression profonde. Sa conduite éclaira Catherine; concevant les craintes les plus vives, elle se résolut à se défaire de l'amiral.

Le 22 août, en revenant de chez le roi, Coligny reçut un coup d'arquebuse tiré d'une fenêtre avoisinant le cloître Saint-Germain-l'Auxerrois; il fut seulement blessé à l'épaule et à la main droite.

Aussitôt Charles IX se rendit auprès de lui, l'accablant de caresses, le nommant son père, et, en rentrant au Louvre, il apostropha violemment Catherine et le duc d'Anjou, en jurant qu'il punirait les auteurs du crime, quels qu'ils fussent.

Dans le même temps, les huguenots s'assemblaient en armes, et deux de leurs chefs, Piles et Pardaillan, déclaraient hautement qu'ils iraient le lendemain accuser la reine mère et demander justice.

Catherine, épouvantée, ne vit qu'un moyen de se sauver : faire tuer Coligny et les autres calvinistes réunis à Paris.

Avec son habileté accoutumée elle arracha l'assentiment du roi.

Coligny avait su gagner l'oreille de Charles IX.

Elle rappela la conspiration d'Amboise, la tentative de Monceaux, l'assassinat du duc de Guise et du connétable de Montmorency, les ravages commis depuis cinq ans dans la France entière, avec le concours des étrangers appelés dans le royaume par les protestants ; elle lui fit entendre les rapports annonçant les projets des réformés, organisant à ce moment même un complot pour enlever la cour et Charles IX lui-même, par un coup de main hardi.

L'ordre fatal fut donné, autant par l'adresse de la reine mère que par la nécessité politique des circonstances.

Longtemps le roi avait résisté; aussi dut-on faire les préparatifs de cette sanglante tragédie en quelques heures, mais en revanche le secret en fut rigoureusement gardé par tous les conjurés.

A peine le signal donné par la cloche de Saint-Germain-l'Auxerrois avait-il retenti, que Charles IX, accablé déjà de remords, envoyait au duc de Guise un ordre signé de sa main, révoquant le premier.

Ce message arriva trop tard; néanmoins il y a loin de ces dispositions d'esprit du roi à la légende du monarque tirant du haut d'un balcon du Louvre sur les huguenots fuyant. Ajoutons d'ailleurs qu'en 1572, le balcon en question n'existait pas encore, non plus que le corps de bâtiment où on le montre actuellement; ce détail a son importance.

Les papiers trouvés chez Coligny montrèrent tous les plans politiques conçus par l'amiral. Avec l'appui des protestants des Pays-Bas, il devait transformer le royaume de France en une république fédérative, divisée en quatre-vingts parties et en seize grandes divisions militaires. Ces papiers, croyons-nous, existent encore dans les archives du ministère des affaires étrangères.

Nous voilà bien loin des questions purement religieuses, et, ajoutant à ces motifs généraux les vengeances particulières dont furent victimes beaucoup de catholiques eux-mêmes, on aura une idée exacte de la Saint-Barthélemy, d'après les faits dans toute leur simplicité.

IV

Comment Bédarride mit en pratique le proverbe de Merlin :
« Tel cuyde engeigner autrui, qui souvent s'engeigne soi-même. »

Le chevalier, non plus que le baron, n'avait révélé au comte de Fougeray la méprise grâce à laquelle sa duplicité s'était si étrangement dévoilée.

Adamastor les trouvait froids à son égard, mais il attribuait cette façon d'être à son refus de se prononcer en faveur de l'un des deux rivaux ; il ne s'inquiétait donc nullement et tâchait à se ramener leur bienveillance en redoublant d'affabilité.

Mme de Leucade, elle aussi, prodiguait également aux jeunes gens ses paroles les plus aimables et ses sourires, qui avaient dû être fort gracieux vers l'an 1510 ; mais l'excellente dame était guidée par de plus nobles motifs.

Elle accueillait favorablement Gaillac parce qu'il était choisi par sa nièce, et Bédarride pour le consoler par avance de ses mécomptes futurs.

Un jour elle prit René à part :

« Mon cher enfant, lui dit-elle, vous le savez, nos affaires n'avancent guère.

— Hélas ! soupira le chevalier.

— Il importe donc d'agir, d'employer des moyens plus puissants que les prières adressées chaque jour au comte par notre chère Odette.

— Parlez, madame, parlez... Que dois-je faire ?

— Croyez-vous à l'astrologie ?

— Mon Dieu, je n'ai là-dessus aucune conviction bien arrêtée.

— Eh bien, vous allez vous rendre chez Donato, un devin célèbre et fort en vogue à la cour, où il balance près de ces dames la faveur de Ruggieri. Vous le consulterez sur ce que nous devons faire, et vous me rapporterez fidèlement ses paroles. Est-ce convenu ?

— J'y vais de ce pas. »

Donato demeurait dans une rue étroite et assez mal famée, proche de l'abbaye de Cluny ; sa maison, vieille et sombre, était facilement reconnaissable à sa porte toujours ouverte, sur laquelle étaient gravés des caractères cabalistiques.

Il était facile de pénétrer auprès de lui, car il ne s'enfermait point, n'usait ni de verrous ni de grilles, et quoiqu'il passât pour possesseur de richesses immenses, les plus hardis coupe-bourses n'eussent point osé le dévaliser, tant il inspirait une terreur superstitieuse et profonde.

René, apercevant une salle basse, se dirigea de ce côté.

« Qui est là ? demanda une voix grave.

— Un gentilhomme qui voudrait recourir à vos lumières, maître.

— Entrez, monsieur le chevalier de Gaillac. »

Voilà qui est merveilleux, pensa le jeune homme ; il ne me connaît pas, il ne voit même pas mon visage, et il sait mon nom !

Mme de Leucade avait écrit la veille à l'habile devin pour lui annoncer la visite du soupirant d'Odette, et lui poser les questions auxquelles il devrait répondre.

Si le chevalier avait connu ce détail, il se fût très probablement moins émerveillé.

L'aspect de la pièce dans laquelle il pénétra était singulièrement étrange et bien fait pour frapper les imaginations naïves de cette époque.

Au plafond pendaient des crocodiles empaillés ; çà et là des cornues, des alambics, des fourneaux ; partout d'énormes et poudreux volumes, dont plusieurs, ouverts, laissaient apercevoir d'indéchiffrables grimoires.

Les murs étaient tendus de draperies noires sur lesquelles se détachaient, brodés en argent, tous les signes du Zodiaque; sur une table, un chat noir dormait paisiblement, et, auprès de lui, une poule noire picorait une poignée de grains.

L'hôte de cette bizarre demeure n'était pas moins surprenant : c'était un vieillard bossu, aux rares cheveux blancs, portant d'énormes lunettes derrière lesquelles pétillaient de petits yeux gris malicieux.

Il portait une ample robe de velours noir, et autour de son cou était enroulé un serpent qui dressa la tête et siffla avec colère à l'arrivée de René.

« Silence, Stéphanie ! » murmura l'astrologue.

Au grand soulagement du chevalier, la bête, déroulant ses anneaux lentement, se glissa près du foyer, où elle se lova pour ne plus bouger, en répugnante mais paisible couleuvre qu'elle était, car cette bête terrifiante était tout bonnement ce qu'on nomme dans les campagnes une « anguille de haie ».

« Hé ! hé ! jeune homme, il paraît que nous aimons une jeune fille brune, nous voulons l'épouser, et nous venons demander au vieux Donato les moyens à employer pour adoucir notre futur beau-frère ? »

L'étonnement du visiteur redoublait.

« Sans doute, » fit-il presque à voix basse, tant ce spectacle nouveau pour lui et la clairvoyance inexpliquée du vieillard le plongeaient dans une incroyable stupeur.

Puis il glissa sur la table une bourse à laquelle l'astrologue ne parut pas accorder la moindre attention.

« Hé ! hé ! jeune homme, reprit-il avec un rire sec et strident comme celui de gonds de porte rouillés, hé ! hé ! j'ai interrogé les astres, et les astres m'ont répondu... Au moment de votre naissance, Mars s'est rencontré avec le Taureau ; signe de courage, de fierté et de longue vie. Mais Saturne était proche ; il apportait sa fâcheuse influence, et c'est pourquoi nous venons aujourd'hui consulter le vieux Donato.

— Et que nous réserve l'avenir... pour le sujet qui occasionne ma visite ?

— Rassurez-vous, Mars l'emporte.

— Ce qui veut dire ?

— Que vous serez heureux dans les combats, dans vos rivalités et dans vos projets d'hymen[1].

— Comment vous rendre grâces ?...

— Vous n'avez pas à me remercier ; je révèle les arrêts du destin, je ne les influence pas.

— Dites-moi au moins quelle conduite je dois suivre...

— Je vous répète que ma science se borne à lire dans l'avenir. »

René, tout joyeux, prit congé de Donato et s'en alla ravi en son-

---

[1] Ces prédictions sont basées sur le système d'Albert le Grand.

geant au plaisir qu'il aurait, le lendemain, à répéter à Mme de Leucade les rassurantes paroles du vieil astrologue.

Au milieu de ses réflexions il se sentit tout à coup jeter un manteau sur la tête et les bras, et une main brutale fouilla les poches de son pourpoint; puis, comme il se débattait désespérément, un organe enroué murmura :

« Passe-lui un peu de ta dague à travers les côtes, Hochepot; ça n'a pas de bon sens de voir un homme s'agiter ainsi. »

Hochepot leva son arme, mais il la laissa retomber et s'affaissa lui-même en râlant.

« Par les cornes de Béelzébuth, à quel jeu jouez-vous donc là, mes maîtres? » fit la voix de Bédarride.

Et il allait faire subir aux deux truands qui tenaient Gaillac un sort absolument identique à celui de l'infortuné Hochepot; mais les drôles avaient des jambes d'une longueur démesurée, et ils disparurent comme si le diable lui-même les avait enlevés.

René se débarrassa du manteau qui l'étouffait, et apercevant Henri :

« Baron, dit-il, sans vous j'étais un homme mort, souffrez que...

— Nous sommes quittes, monsieur, voilà tout, » repartit sèchement Bédarride.

Et, saluant fort poliment, il continua son chemin pour se rendre chez le même Donato; car, en ce temps-là, les astronomes, et surtout ceux de la cour, avaient plus de succès que nos modernes somnambules.

Le rusé devin ne se compromit pas; il donna au baron des réponses vagues, mais qui ne laissèrent pas de l'inquiéter; aussi résolut-il d'aider le destin.

Tandis que le chevalier rapportait à Mme de Leucade les propos de l'oracle, Bédarride mettait à exécution un projet fort ingénieux, d'une certaine perfidie à la vérité, mais assez plaisant.

Charles IX avait pris en amitié les deux nouveaux lieutenants de ses gardes. Il aimait à causer familièrement avec ces jeunes hommes dont l'honnêteté ingénue et la franchise presque sauvage contrastaient singulièrement avec l'hypocrisie et la dissimulation de son entourage habituel.

C'est sur cette faveur du roi que comptait le baron pour mener à bien son plan.

« Je suis content de te voir, Bédarride, fit le souverain quand l'officier vint prendre le mot d'ordre. Toi et Gaillac, vous pouvez seuls me distraire de mes ennuis, de mes soucis... et de ces fantômes que je vois autour de moi, ajouta-t-il en essuyant son front trempé de sueur, d'un geste hagard.

— Je suis bien heureux que Votre Majesté daigne reconnaître le dévouement de ses deux plus fidèles serviteurs.

— Je ne veux pas m'en tenir à des compliments ; dis-moi ce que je pourrais faire pour toi et pour le chevalier ; parle, et si la chose est possible, je t'engage ma parole royale que je te l'accorde d'avance.

— Sire, répliqua Henri en réprimant un mouvement de joie insensée, Votre Majesté peut faire le bonheur de Gaillac ; il est éperdument épris de Mlle d'Audierne, et il n'ose pas solliciter sa main, car il est pauvre...

— Accordé ! fit Charles IX presque gaiement ; je me charge du consentement des d'Audierne, et je donnerai une pension au chevalier. Et toi, que veux-tu ? Souhaites-tu aussi te marier, ou veux-tu une charge à la cour ?

— Que Votre Majesté, supplia le baron, me permette de lui répondre demain seulement.

— Soit. Fais écrire à Gaillac pour lui annoncer cette bonne nouvelle. Je regrette seulement que tu ne m'aies pas confié plus tôt la passion de ce brave chevalier.

— Sire, je n'osais vous en parler, d'autant plus que Gaillac ne l'avoue pas, et je ne voulais pas qu'il pût croire que je l'eusse espionné.

— Bon, je ne lui dirai pas par qui j'ai été si bien informé. Va faire expédier la lettre. »

Bédarride ne demandait pas mieux ; il envoya la bienheureuse missive royale à la *Croix d'argent* et s'en fut à l'hôtel de Leucade pour demander à M. de Fougeray quelle faveur il devait solliciter.

Maintenant, pensait-il, je suis tranquille.

Il eut un moment la conscience quelque peu troublée, mais il songea :

Bah ! Gaillac n'est pas si à plaindre : Mlle d'Audierne est charmante, elle est riche, le roi donnera une pension... A tout prendre, le chevalier est encore mon obligé.

On conçoit aisément avec quelle surprise René lut la lettre royale.

C'était presque un ordre, et, quand le monarque exprimait son désir en de tels termes, il n'y avait qu'à obéir.

Désespéré, le pauvre gentilhomme s'en fut trouver Mme de Leucade, son conseil ordinaire.

Il pleura, déclara successivement qu'il allait se tuer, épouser Mlle d'Audierne, rejoindre l'armée protestante, et cent sottises de ce genre.

Abstraction faite de son faible pour l'astrologie, la bonne dame n'était point sotte.

Elle réfléchit profondément tandis que René épuisait toute la série connue des lamentations habituelles en pareil cas.

D'un geste elle arrêta cet ouragan ; tel Neptune apaisant les flots.

« Mon cher chevalier, dit-elle, nous nous désolerons plus tard à loisir ; pour le moment, il faut aller au plus pressé. Je crois deviner ce qui s'est passé ; le baron était de service hier auprès du roi ; il est venu tout à l'heure demander à Adamastor quelle charge il devait solliciter à la cour ; c'est lui, sans aucun doute, qui a ourdi cette trame infernale. S'il obtient une situation importante, Fougeray lui accordera la main d'Odette. Croyez-moi, profitez des conseils que vous êtes venu me demander dans l'intention de n'en suivre aucun, suivant l'ordinaire usage, et vous vous en trouverez bien. Vous prenez le service ce soir; remerciez Sa Majesté de sa bonté, ne lui montrez pas votre déception et rendez à Bédarride le même bon office; arrangez-vous pour que le roi lui fasse accorder la main de Mlle de Jonzac. C'est une riche héritière, fort agréable en outre; il n'y aura dans son prétendu amour pour elle rien d'invraisemblable, et nous aurons paré au péril le plus immédiat en privant votre rival de sa liberté. Ensuite, nous aviserons à vous dégager vous-même. »

René goûta fort cet avis ingénieux; il reprit courage et se rendit au Louvre.

La même scène que la veille se reproduisit, à cette différence près que les noms des fiancés furent seuls changés, et Bédarride pensa devenir fou furieux en recevant le soir même une lettre de Charles IX lui annonçant que ses vœux étaient exaucés et que Mlle de Jonzac serait sa femme.

« Je suis heureux, écrivait le roi, de récompenser vos services, comme je vous l'ai promis; mais je ne puis assez admirer la timidité des officiers de mes gardes, qui n'osent me demander eux-mêmes ce qu'ils désirent. »

V

Qui finit par un mariage.

René avait fait un grand pas en entravant de la sorte les projets de son rival; mais sa situation n'en était pas moins critique, tout comme celle du baron.

Bédarride avait aisément deviné de quelle main partait le coup qui l'avait frappé ; mais il ne laissait rien paraître de son ressentiment, ne pouvant reprocher au chevalier un acte semblable à celui dont il s'était rendu coupable le premier.

Un seul refuge leur restait à tous deux, l'amitié du roi de Navarre et sa protection pour les tirer de ce mauvais pas.

Ils allèrent donc solliciter son appui.

Chez lui, comme à l'hôtel de Leucade, ils se retrouvèrent encore réunis.

Ce hasard de leur destinée n'avait rien de bien merveilleux ; élevés ensemble, ayant les mêmes amitiés, se trouvant dans des situations absolument analogues, il n'était pas surprenant qu'ils se rencontrassent sans cesse en suivant le même chemin.

Exaspérés par ce dernier tête-à-tête, ils avouèrent franchement au Béarnais toute l'histoire, se contentant d'y mettre des formes courtoises, par respect pour leur royal ami.

« Ventre-Saint-Gris, mes compagnons, fit le beau-frère de Charles IX en riant de tout son cœur, voilà qui est plaisant, et vous avez agi comme de francs étourdis ! Maintenant, comment vous tirer de là ?...

« Vous le savez, poursuivit-il avec une pointe de tristesse, mon crédit n'est pas grand ; j'ai échappé à grand'peine au sort de mes coreligionnaires, et Margot n'est pas plus puissante que moi.

« Je ne vois qu'un moyen, partez, allez rejoindre l'armée qui va assiéger quelques villes soulevées contre l'autorité royale ; en votre absence, je m'efforcerai d'apaiser mon frère Charles et de vous faire rentrer en grâce.

« Quant à Mlles d'Audierne et de Jonzac, toutes deux sont filles d'honneur de la reine de Navarre, et leur maîtresse se chargera volontiers de leur faire entendre raison.

« Mais partez de suite ; il n'y a pas de déshonneur à fuir devant des femmes qu'on n'aime pas, quand on est menacé de les épouser de force. »

Bédarride et Gaillac remercièrent Henriot, passèrent à la *Croix d'argent,* pour prendre leurs chevaux et leurs valets ; ils firent des adieux sans cordialité à maître Lehuret, et deux heures après ils chevauchaient sur la route d'Orléans.

Quelques mois après ces événements, le duc d'Anjou assiégeait La Rochelle, et sous ses ordres se trouvaient deux gentilshommes renommés pour leur intrépidité.

Le baron et le chevalier avaient reçu la nouvelle que le roi leur pardonnait, mais il les engageait en même temps à demeurer dans l'armée de son frère et à mériter la fin de leur exil par leurs exploits contre les rebelles.

La fin de leur exil, c'était le retour à l'hôtel de Leucade ; pour cela il ne fallait qu'accomplir des prodiges de valeur, et l'un et l'autre ne s'y épargnaient point.

Le caractère violent de Bédarride s'irritait chaque jour davantage ; chaque fois qu'il faisait une action d'éclat, Gaillac en exécutait une autre. Il n'y avait pas d'issue possible à cette rivalité éternelle.

Il résolut de se défaire de René à tout prix.

Un jour il apprit par un espion qu'un gros parti de cavaliers huguenots avait dressé une embuscade sur la lisière d'un petit bois près duquel le duc d'Anjou allait chaque jour, avec une faible escorte, examiner les positions ennemies, pour se rendre compte de la marche des travaux du siège.

Il s'en fut trouver Gaillac, et lui donna l'ordre, de la part du duc d'Anjou, d'aller attendre Monseigneur à l'endroit où il avait coutume de se rendre.

Cette fois, pensa le baron, ce sera bien jouer de malheur si je ne suis pas débarrassé de cet excellent chevalier.

René prit avec lui une dizaine de cavaliers et alla se poster au lieu indiqué.

Malheureusement pour les habiles calculs de Bédarride, les Rochellois avaient modifié leur plan, et ils s'étaient cachés derrière un pli de terrain, beaucoup plus près du camp de l'armée royale.

Ils avaient vu passer Gaillac ; mais dédaignant une si maigre prise, ils l'avaient laissé aller, attendant sans bruit le passage du duc.

Quand le frère de Charles IX partit, à son ordinaire, pour sa reconnaissance quotidienne, le baron le précéda, impatient de voir si sa coupable ruse avait réussi.

Les calvinistes s'enfuirent, emmenant cependant le baron.

Mais il était écrit que ses perfidies ne lui profiteraient pas, car les huguenots, apercevant le duc d'Anjou à quelque distance, craignirent d'être aperçus par Bédarride et de manquer leur coup ; ils s'élancèrent au galop vers le prince, s'emparèrent du baron en passant et attaquèrent vigoureusement l'escorte.

Déjà la plupart des catholiques avaient succombé, quand Gaillac, ayant aperçu de loin la bagarre, prit la troupe rochelloise en queue en poussant de grands cris ; se croyant chargés par toute la cavalerie royale, les calvinistes s'enfuirent précipitamment, emmenant cependant le baron.

« Monsieur, dit le duc au chevalier, vous venez de rendre à la monarchie un signalé service, je ne l'oublierai pas.

— Monseigneur, répondit modestement René, c'est à la prudence de Votre Altesse qu'il faut rendre hommage, car si elle ne m'avait pas fait donner l'ordre de me poster auprès du bois...

— Que voulez-vous dire ? Je ne vous ai fait donner aucun ordre. »

Le chevalier comprit tout, mais avec sa générosité habituelle il résolut de se venger en délivrant Bédarride, et il sollicita l'autorisation d'aller le querir, alléguant, ce qui était vrai, d'ailleurs, qu'en sa qualité de huguenot il serait certainement pendu comme traître.

La permission obtenue, il réunit ce qu'il put d'hommes bien montés et résolus, et partit avec eux ventre à terre.

Il eut bientôt rejoint les Rochellois, qui, ne se croyant pas poursuivis, regagnaient paisiblement la ville.

René fondit sur eux comme la foudre, entraîna le baron avec lui et reprit le chemin du camp à la même allure, avant que l'ennemi fût revenu de sa surprise. Le terrain, extrêmement accidenté, dissimulait d'ailleurs heureusement la faiblesse de sa petite troupe.

Quand on mit pied à terre, Bédarride fléchit un genou en terre devant Gaillac, en lui disant :

« Me pardonnerez-vous jamais ?

— Certes, et de grand cœur, répondit le chevalier en le relevant et en l'embrassant.

— Si vous saviez...

— Je sais tout.

— Et vous me pardonnez ?...

— De tout cœur, je vous le répète.

— Ah ! René, tu es meilleur que moi, je suis un misérable. Je renonce à Odette, épouse-la, elle aura le mari qu'elle mérite. »

Un mois plus tard, le chevalier de Gaillac, capitaine des gardes de Sa Majesté Charles IX, épousait, en l'église Saint-Germain-l'Auxerrois, noble damoiselle Odette de Fougeray, sœur du grand fauconnier du roi.

On voit que le duc d'Anjou avait tenu parole.

Bédarride, le même jour, abjurait la religion réformée.

EN BALLON

EN BALLON

Il est permis, sans craindre de blesser les justes susceptibilités des habitants de la Villette, d'affirmer que c'est là un quartier absolument inélégant. Et parmi les rues de ce coin de Paris généralement peu fréquenté par la fleur des grands clubs, il en est une plus déshéritée encore que les autres, c'est celle qui recèle en ses flancs la principale entrée de l'usine à gaz.

Là, l'œil effaré des rares promeneurs est inviciblement attiré par une chaîne de montagnes noires et mélancoliques formées alternativement de charbon de terre et de coke; on imaginerait voir une série de pics de l'Himalaya, sur la neige desquels la fantaisie cruelle d'un charbonnier fantastique aurait déversé le contenu de toutes les houillières du globe terrestre.

Une poussière épaisse, s'agglomérant en nuages lugubres, complète l'illusion et rappelle les buées sinistres qui flottent sur certains sommets comme un crêpe gigantesque de sinistre présage.

Or ce coin si plein d'agrément était envahi, au mois d'août dernier, par une foule étrangement mélangée ; les classes modestes de la société y étaient représentées par la population du quartier, généralement vêtue de cottes et de blouses indigentes et coiffée de casquettes d'une altitude remarquable. Les commerçants de la localité avaient quitté leurs habituelles transactions pour de plus doux loisirs, et spontanément revêtu la redingote des dimanches et les chapeaux à haute forme des dîners sur l'herbe à Romainville. Force équipages encombraient les rues avoisinantes, et il en descendait un grand nombre de vieillards quelque peu cassés, à la boutonnière desquels fleurissait la rosette rouge de la Légion d'honneur.

Plusieurs spectateurs affairés, munis de calepins fatigués et de crayons à protège-pointe et gomme (dix centimes dans tous les bazars), prenaient fièrement des notes en échangeant quelques propos entre-coupés :

« Toute l'Académie des sciences est venue.

— Parfaitement ; voici Laridon, le célèbre physicien...

— Et des Etreindelles, qui a découvert la fameuse lampe fulgurante... »

Et puis c'était M. Machin, l'éminent chimiste ; M. Chose, le fameux Chose, vous savez bien... Toute l'élite de la science moderne, les patients, les chercheurs, les savants modestes aux découvertes éclatantes, mais aux noms souvent

peu connus, si ce n'est des reporters de journaux qui les énonçaient
ainsi au passage.

Enfin l'usine, qui avait ouvert discrètement une petite porte par
laquelle les privilégiés se glissaient en montrant une carte d'invitation
rose et dorée sur tranche, livra le libre accès des deux battants de sa
grande porte à la foule impatiente qui déjà murmurait et se répandait
en vagues apostrophes contre les agents la maintenant à grand'peine.

Un flot humain pénétra dans l'intérieur et ne s'arrêta qu'à une
corde formant une enceinte réservée protégée par des gardes munici-
paux. Dedans avaient pris place toutes les personnes munies de cartes,
et, au milieu, un immense aérostat, à moitié gonflé, se balançait au
gré de la brise, enveloppé d'un filet duquel pendaient une prodigieuse
quantité de cordages semblant la chevelure formidable d'un géant.
L'étroite nacelle en osier reposait sur le sol, remplie de sacs de lest,
de couvertures et d'instruments de toutes sortes destinés aux expé-
riences de l'ascensionniste.

Mais le ballon, avec toutes ses dépendances, tenait incontestablement moins de place que M. Dufournel, « le savant ingénieur » qui
allait faire une expérience publique de « son parachute ». Il allait et
venait, était partout et se démenait prodigieusement, très nerveux,
encore qu'il cherchât avec une louable persévérance à se donner l'aspect du calme souriant et de la froide énergie que loueraient demain
les journaux en des clichés un peu surannés, mais flatteurs.

Il avait revêtu, pour la circonstance, une vareuse à boutons d'or,
agrémentée de six galons du même précieux métal et d'une largeur
inusitée, qui se trouvaient reproduits à sa casquette d'officier de
marine.

Mme Dufournel et Mlle Dufournel, sa femme et sa fille, contem-
plaient avec émotion les préparatifs du départ; la mère, d'un rouge
cramoisi et alarmant, se répandait en sinistres prédictions : elle avait

bien dit que les travaux de M. Dufournel le mèneraient à faire quelque sottise, et celle-ci était la pire de toutes, la plus dangereuse, car enfin...

Et elle citait tous les accidents survenus depuis l'invention du premier aérostat jusqu'à nos jours, avec un luxe inouï de détails navrants, prédisant à son mari les catastrophes même les plus incompatibles, comme de périr à la fois dans le même voyage par la raréfaction de l'air, l'immersion en pleine mer et la chute sur le toit d'une maison; telle Cassandre annonçait aux Troyens la perte d'Ilion.

Marguerite, une mignonne enfant de dix-huit ans, s'efforçait vainement à rassurer la déplorable prophétesse, non qu'elle fût elle-même sans inquiétude, mais elle faisait taire ses craintes pour calmer celles de sa mère, dont les yeux laissaient maintenant ruisseler deux fleuves de larmes en apparence inépuisables.

Elle eût plutôt arrêté l'Océan un jour de tempête.

M. Dufournel, rendu prudent par l'expérience, fuyait sa femme de son mieux; il cajolait les journalistes, recueillait respectueusement les éminentes poignées de main des académiciens, bombait le torse orgueilleusement devant la foule et jetait un dernier coup d'œil aux objets entassés dans la nacelle.

Enfin le moment du départ arriva : un nombre respectable de vigoureux gaillards s'attela aux câbles, l'ascensionniste prit place dans le fragile panier, après avoir brusqué les adieux; puis, d'une voix un peu enrouée par l'émotion, quoiqu'elle voulût paraître ferme, il cria :

« Lâchez tout! »

Le ballon sauta dans les airs comme un bouchon de champagne.

Dufournel, cramponné aux agrès, faillit lâcher prise ; mais il retrouva sur-le-champ son équilibre, car maintenant il ne sentait plus aucune secousse, aucun mouvement même, et il eût pu se croire arrêté si « ses » spectateurs n'eussent diminué de volume à ses yeux avec une incroyable rapidité.

Il saisit alors un drapeau tricolore et l'agita de toutes ses forces, jusqu'à l'instant précis où il jugea qu'on ne pouvait plus l'apercevoir.

« Ouf ! fit alors cet homme supérieur, me voici seul enfin et bien tranquille. Voyons, rassemblons nos idées et traçons notre programme. Le vent est exactement du sud... Je marche bien... Dans un temps que je calculerai tout à l'heure, je parviendrai au-dessus d'une grande ville,... je vais voir laquelle sur la carte. Et là, en plein jour encore, puisqu'il n'est que midi, j'opérerai ma descente *coram populo*, aux acclamations d'une foule ivre d'enthousiasme : *Vivat ! vivat ! Bravo ! Vive Duf...!*

— Pardon, monsieur, fit une voix, c'est bien à M. Dufournel lui-même que j'ai l'honneur de parler ? »

L'aéronaute fit un tel bond de surprise, qu'il faillit faire verser la nacelle.

Il se retourna et vit que la voix appartenait à un jeune homme qui, debout, son chapeau à la main, le considérait avec un sang-froid infini.

DUFOURNEL

Qu'est-ce que c'est?... Au secours! A la garde!... Sortez, monsieur, ou j'appelle!

LA VOIX

Monsieur, vous m'excuserez si je n'adhère pas sur-le-champ à cette proposition... obligeante; mais j'ai à vous entretenir, et... (Se ravisant.) Pardon, si je vous dérange en ce moment, je puis attendre.

DUFOURNEL, avec humeur.

Enfin, monsieur, je ne vous connais pas. D'où sortez-vous? Qui êtes-vous?

LA VOIX

Je viens de dessous le paquet de couvertures, à gauche... Quant à mon nom : Isidore Romadour. (Il salue. A part.) Il ne semble pas très caressant.

DUFOURNEL

Couvrez-vous, je vous en prie.

ROMADOUR

Je vous remercie. (A part.) Pas très caressant, mais pas trop mauvais tout de même.

DUFOURNEL

Maintenant faites-moi connaître le but de votre visite, qui... m'honore autant qu'elle m'étonne.

ROMADOUR, se levant.

Monsieur...

DUFOURNEL

Asseyez-vous.

ROMADOUR

Merci, je...

DUFOURNEL

Mais asseyez-vous donc, je vous dis... Ce n'est pas pour vous, c'est pour conserver l'équilibre de la nacelle. (A part.) Il est assommant !

ROMADOUR, s'asseyant.

Ah !... Enfin, c'est contraire à tous les usages, mais puisque vous le voulez... Monsieur, je viens vous demander la main de Mlle Marguerite, votre fille.

DUFOURNEL, suffoqué.

La main de ma fille !

ROMADOUR

Je sais bien ce que vous allez me dire : j'aurais dû amener un parent pour accomplir cette formalité.

DUFOURNEL, exaspéré.

Eh bien, il n'aurait plus manqué que ça !

ROMADOUR, continuant.

Malheureusement je suis orphelin ; je n'ai plus qu'un cousin, assez âgé, qui habite l'île de la Réunion ; il y partit en...

DUFOURNEL

Ah çà, monsieur, est-ce que vous allez me raconter l'histoire de votre parenté ? Je vous préviens que ça ne m'intéresse pas du tout, et si vous n'avez pas autre chose à me dire...

ROMADOUR, piqué.

Je pensais que rien de ce qui touchait votre gendre ne devait vous être étranger.

DUFOURNEL

Mais, monsieur, je ne vous ai pas accordé la main de ma fille, sapristi !

ROMADOUR

C'est le seul tort que vous ayez eu, et vous le réparerez aisément. D'autant plus que vous m'avez gracieusement offert l'hospitalité, c'est vrai...

DUFOURNEL

Vous n'êtes pas difficile.

ROMADOUR

Mais à quel titre ? (Avec force.) Il me faut un titre, et autant celui-là qu'un autre ; qu'est-ce que ça vous fait ?

DUFOURNEL, à part.

Il est prodigieux ! (Haut.) D'abord, monsieur, je ne vous connais pas, et puis, avez-vous vu ma fille ?

ROMADOUR

Monsieur, le 30 juillet dernier, je suis allé au bal chez les Montengraine...

DUFOURNEL

Nous aussi.

ROMADOUR

Je le sais bien, parbleu ! C'est là que j'ai vu mademoiselle votre fille. J'ai dansé avec elle, et je lui ai dit...

DUFOURNEL, menaçant.

Vous avez osé lui dire...

ROMADOUR

Je lui ai dit que la chaleur était accablante, et elle m'a répondu que c'était une saison exceptionnelle.

DUFOURNEL, haletant.

Oui,... et puis?

ROMADOUR

C'est tout. Vivement impressionné par cet... aphorisme, j'ai juré que je serais son mari ou qu'elle serait ma femme,... c'est-à-dire... enfin voulez-vous, oui ou non, m'accorder sa main?

DUFOURNEL

Attendez donc. N'est-ce pas vous qui, en reconduisant Marguerite à sa place, vous êtes assis sur un chapeau, un chapeau tout neuf?

ROMADOUR, triomphant.

Vous voyez bien, vous me reconnaissez! (L'embrassant). Ah! bon vieillard, bon vieillard!

DUFOURNEL

Mais lâchez-moi donc, morbleu! (Sérieusement.) Ce chapeau, monsieur, c'était moi,... je veux dire c'était à moi.

ROMADOUR

Et c'est pour cela que vous refusez... (Solennel.) Monsieur, je vous fais des excuses formelles, ainsi qu'à monsieur votre chapeau, que j'estime,... quatre, mettons huit francs. Je vous en achèterai un neuf, dussé-je le payer cinquante mille francs, une année de mon revenu!

DUFOURNEL, saisi.

Vous avez cinquante mille livres de rente?

ROMADOUR

En biens-fonds, oui, monsieur.

DUFOURNEL, à part.

Ah! mais, ah! mais! (Haut.) Voyons, jeune homme, je suis extrêmement flatté de votre démarche, mais vous comprendrez que je dois
consulter ma femme et ma fille, et... (Brusquement.) Voulez-vous venir
dîner dimanche avec nous, sans cérémonie?

ROMADOUR

Avec plaisir, beau-père. »

Une heure après, les deux aéronautes opéraient leur descente
à Évreux, au milieu d'une foule idolâtre, et, un mois après,
M. Dufournel conduisait à l'autel Mlle Marguerite Dufournel, sa fille,
dont j'ai l'honneur de vous annoncer le mariage avec M. Isidore
Romadour (du Lot).

A J. SCHÜRMANN

L'INEXORABLE CRÉANCIER

L'INEXORABLE CRÉANCIER

Valentin Plantardier était fort activement occupé à se raser devant une petite glace accrochée à la fenêtre de son appartement, sis boulevard Haussmann, 189, au quatrième étage.

C'était par une belle matinée d'avril. De l'entresol, des platanes, — rangés en bel ordre sur le trottoir, ainsi que les arbustes frisottés des boîtes de jouets de Nuremberg, — montaient les criailleries joyeuses des pierrots parisiens jacassant, goguenardant et raillant entre eux en véritables petits boulevardiers qu'ils étaient, citoyens libres et effrontés, bohêmes sympathiques à tous, faisant partie intégrante du Tout-Paris réputé seul parisien, mais avec cet avantage au moins sur cette importante fraction de la société, que ces oiselets avaient vu le jour en les murs de la vieille Lutèce, à l'encontre des Parisiens officiellement reconnus tels, qui sont généralement entrés en ce bas monde sur les rivages de Lisieux, Soissons ou Amiens, voire même Valparaiso et Buenos-Ayres. Les tramways répandaient dans les airs leurs coin-coin stridents, les fiacres roulaient avec des bruits de ferrailles veuves

de graisse, et les camelots hurlaient du haut de leur tête : « Deman-
dez la *Dernière nouvelle*, son curieux numéro ; l'article de M. Henri
Lorient ; la crise ministérielle... »

D'autres se réjouissent d'entendre, par les radieuses matinées
d'avril, le chant des fauvettes dans la forêt parmi les grisantes sen-
teurs des églantiers fleuris et des aubépines fraîchement écloses ; aux
parfums des jasmins Valentin Plantardier préférait les âcres odeurs du
pavé de bois ; au-dessus des mélodies du rossignol, il plaçait les cris de la
rue, le confus murmure de la foule... et le dernier refrain en vogue :

> J'aime Angé,
> J'aime Angé,
> J'aime Angélina.

Comme le proclame fort sagement le proverbe, il ne faut point
discuter des goûts ni des couleurs.

Donc Valentin était d'une humeur charmante ; la subtile odeur
d'un gros bouquet de violettes déposées dans un vase du Japon, moderne incontestablement, — 3 fr. 95 au Taïcoun, avenue de l'Opéra,
— lui envoyait aux narines d'exquises haleines. Il était heureux de
vivre et promenait gaiement l'acier du rasoir sur son épiderme irisé
de savon superfin, chantonnant faux à miracle et songeant aux jolis
courtages qu'il allait réaliser de midi à quatre heures à la Bourse sur
les mines de Fontain of Blagg ou de Problematical Gold, très demandées
par ses clients ordinaires.

Décidément il voyait l'existence en rose, et il accumulait les notes
fausses à cœur joie, quand un violent coup de sonnette retentit.

On frappa à la porte :

« Monsieur, fit la voix de la vieille bonne, c'est M. Ratibois ; il
n'a qu'un mot à dire à monsieur, qu'il dit.

— C'est bien ; dites que je viens tout de suite. »

Le sourire s'éteignit sur les lèvres du folâtre coulissier.

« Sacristi de sacristi, grogna-t-il à part lui, cet imbécile prend
bien son temps ! La dernière liquidation n'a pas été fameuse, tout
comme la précédente, et je ne suis pas en état de payer les vingt-
cinq louis de sa facture, ainsi que je l'avais promis ! le diable patafiole
ce stupide négociant avec sa plus grande patafioloire ! »

Tout en prononçant ces paroles empreintes d'une médiocre bienveillance, Valentin terminait à la hâte sa toilette et se précipitait dans
son cabinet de travail, car cet homme, épris de la saine logique, pro-
fessait qu'il ne faut point faire attendre un créancier, de peur de
l'indisposer.

« Bonjour, mon cher monsieur Ratibois !
s'exclama-t-il d'un ton qui voulait être joyeux.
Quel bon vent vous amène ? Vous vous portez bien ?
Et Mme Ratibois ?

— Mme Ratibois va fort bien, monsieur, moi
aussi, et nous vous remercions bien tous les deux.
Je suis venu pour la petite note, vous savez ?...
Vous m'aviez promis, au commencement
de ce mois, de me solder fin courant, et je
compte que vous ferez honneur à l'engage-
ment pris dans votre honorée du... »

C'est une lettre commer-
ciale, ce tailleur ! gémit à part
lui Plantardier.

Puis il ajouta, dans un sourire un peu contraint :

« Mon cher monsieur Ratibois, je suis désolé, mais il m'est impossible de vous donner quoi que ce soit aujourd'hui ; je suis à sec,
la liquidation a été déplorable. Le mois prochain, sans faute, vous
pouvez compter sur moi.

— C'est ce que vous m'avez dit le premier courant et le cinq de l'écoulé, » observa le fournisseur avec beaucoup de sang-froid.

Valentin convint du fait avec une loyauté d'autant plus complète, qu'il ne pouvait faire autrement.

« Alors vous ne me donnerez pas même un acompte ? »

Le coulissier leva les deux bras à la fois et les laissa retomber avec une grimace douloureuse, qui, dans la pantomime universelle, signifie clairement : « Vous m'en voyez désolé, mais cela est hors de mon pouvoir ! »

M. Ratibois prit un fauteuil et s'y plongea confortablement, tandis que son débiteur songeait à part lui :

Comment ! il s'installe ! Voyons, quelques bonnes promesses bien précises, et puis, je pense, il se retirera.

Et le coulissier, avec une aisance affectée, expliqua ses gains assurés et prochains, fixa une date, conclut... et vit que M. Ratibois ne bougeait point.

Il adopta une autre tactique, ne desserra plus les dents et se promena de long en large, feuilleta quelques papiers... M. Ratibois demeurait muet.

Enfin, après un long silence, le tailleur sortit de sa poche un étui, y choisit un cigare, et :

« On peut fumer chez vous, monsieur Plantardier ? Vous vous adonnez à la cigarette, je crois ? »

Valentin eut un haut-le-corps. Ahuri, il fit seulement de la tête un signe d'acquiescement, et M. Ratibois alluma un cigare de deux sous exhalant de vagues odeurs de chiffons brûlés.

« Mon cher monsieur Ratibois, fit le débiteur agacé, je vous demande pardon, je suis obligé de sortir ; je dois passer chez un client, déjeuner et arriver à la Bourse à midi. »

Ce disant, il prit son chapeau, luisant comme les bottes d'un horse-guard.

« Faites donc, faites donc, consentit le tailleur avec une bonhomie charmante ; je sors avec vous. »

La poitrine de Plantardier laissa échapper un vaste soupir de soulagement.

Les deux hommes descendirent l'escalier.

En bas, Valentin tendit la main avec un sourire ineffable :

« Au revoir, mon cher monsieur Ratibois, comptez sur moi. »

Ratibois prit la main, la serra, la lâcha,... et s'en fut côte à côte avec le coulissier.

Tiens, pensa celui-ci, il va du même côté que moi ; c'est ennuyeux !

Et, pour le perdre au plus tôt, il s'égara en des rues invraisemblables, faisant crochets sur crochets.

Le tailleur marchait toujours à son côté.

Ne pouvant tourner l'obstacle, Valentin, impatienté, le prit de front :

« Où allez-vous donc, monsieur Ratibois ?

— Je vais avec vous, » répondit le notable commerçant avec une simplicité cornélienne.

Ce mot sublime éclaira Plantardier.

« Alors vous allez me suivre ?

— Jusqu'à ce que vous m'ayez payé.

— Monsieur Ratibois, cette plaisanterie...

— Ce n'est pas une plaisanterie, c'est très sérieux ; donnez-moi mes vingt-cinq louis, je vous quitterai aussitôt; sinon je vivrai à vos côtés perpétuellement.

— Morbleu ! jura Valentin, les Chinois eux-mêmes n'ont pas inventé pire supplice ! »

Une idée de génie lui traversa l'esprit : il se rappela tout soudainement qu'un sien ami demeurait non loin de là. Se précipiter dans l'immeuble, gravir cinq étages en courant et sonner à la porte de Gédéon Godiveau, tout cela fut pour le boursier l'affaire d'un instant.

Il se retourna en s'épongeant, se croyant délivré : horreur !
M. Ratibois était assis sur la banquette de velours rouge du palier,
essoufflé mais souriant, semblant un personnage fantastique sorti des
Contes d'Hoffmann.

Plantardier entra et referma vivement la porte.

« Parbleu ! lui dit son camarade Gédéon quand il lui eut narré
son aventure, attends ici son départ ; au bout d'une heure ou deux,
il se lassera.

— Dieu le veuille ! Tu ne sais pas quelle abominable torture est
la sensation de ce persécuteur acharné qui ne vous quitte pas, marche
à vos côtés sans mot dire, et paraît fermement décidé à ne vous quitter
point tout le reste de vos jours !

— Ne te frappe pas, Valentin, tu lasseras ton bour-
reau. Je sors, demeure ici ; cette maison est tienne. »

L'hôte parti, le coulissier se résolut à faire bonne
mesure et à quitter sa prison volontaire seulement aux
douze coups de midi.

Bah ! songea-t-il, je me
passerai de déjeuner, je man-
querai l'ouverture de la Bourse,
mais je serai délivré.

Après une longue et éner-
vante attente, durant laquelle
il relut une douzaine de fois
un journal de l'avant-veille,
fuma quatre ou cinq cigares
sans les achever et bâilla au
point de décrocher ses mâ-
choires, Plantardier entendit sonner douze coups à la pendule, il
ouvrit doucement la porte : M. Ratibois, toujours assis sur la banquette,

achevait de déjeuner, buvant à même une petite bouteille un dernier coup de vin.

Avec la rapidité de l'éclair, il rangea les débris de son repas dans un étui de serge noire qu'il portait sur son bras comme tout tailleur qui se respecte, et il emboîta le pas à l'infortuné Valentin.

Vainement le boursier prit-il une voiture ; M. Ratibois en héla une autre, enjoignant à l'automédon de ne point perdre de vue celle qui contenait sa créance.

A la Bourse, le tailleur suivit son client, sans se laisser décourager par les coups de coude, les bourrades et les renfoncements des collègues de sa victime, très amusés de l'incident.

Enfin quatre heures sonnèrent ; Plantardier quitta la place, et, profondément démoralisé, s'en fut au café Riche à une allure qui infligea aux petites jambes du tailleur une terrible épreuve.

De fait, il était en nage quand il s'installa sur un banc, devant la terrasse où son client confectionnait savamment une absinthe couleur d'opale.

Valentin était un cœur excellent ; il eut pitié de son persécuteur et lui fit signe de venir à sa table et de l'imiter.

Après la bonne pensée, la mauvaise.

« Si je pouvais le griser ! » fit-il à part soi.

Mais M. Ratibois ayant demandé un sirop de groseille à l'eau de seltz, il fallut renoncer à ce plan machiavélique.

Plantardier se leva, paya les consommations, et, tel le Juif-Errant, reprit sa route pénible.

Tout à coup, au risque de se faire broyer, il bondit entre deux omnibus et sauta sur un refuge où un agent de police stationnait impassible et majestueux.

« Monsieur, dit-il précipitamment au dépositaire du glaive de la loi, je suis poursuivi par un pick-pocket qui a déjà essayé de me dérober mon portefeuille ; délivrez-moi, je vous en prie, il a une mauvaise figure, il me fait peur. Le voyez-vous, il traverse, il vient à nous ; c'est celui qui a un paquet de serge noire sous le bras. Je vous en supplie, monsieur l'agent, protégez-moi.

— Ne craignez rien, répliqua le sergent de ville d'un air imposant, je vais lui dire deux mots à ce particulier ; nous allons le conduire au poste, où vous ferez votre déposition.»

Valentin, sur ces dernières paroles, s'esquiva discrètement, tandis que Ratibois, sans défiance, posait le pied sur le refuge.

« Halte-là ! nous avons deux mots à vous dire, fit l'agent.

— Mais, monsieur, laissez-moi tranquille ; je suis avec un ami, je ne veux pas le perdre ; le voilà qui traverse.

— Connu, connu, mon garçon ; vous allez d'abord venir au poste, vous vous y expliquerez avec le particulier qui porte plainte contre vous ; vous rejoindrez votre ami après, si on ne vous envoie pas au dépôt.

— Au dépôt? Ah çà, est-ce que vous vous moquez de moi ? Et puis lâchez-moi, d'abord.

— Ah ! espèce de voleur, gredin, canaille, tu es malhonnête maintenant ! Très bien, très bien ; rébellion et outrages aux agents : ton affaire est bonne. »

Puis le sergent de ville, cette leçon de politesse donnée à Ratibois, le cueillit délicatement au collet et le mena au violon.

Bien entendu, Plantardier n'avait pas reparu.

Un mois plus tard, l'infortuné tailleur, traduit devant la justice de son pays, était condamné à cinq cents francs d'amende. Il consacra au payement de cette dette sacrée les vingt-cinq louis que Valentin lui versa enfin, et renonça pour jamais à ce mode nouveau de recouvrer ses créances.

A André. BRUN

JEUX INNOCENTS

JEUX INNOCENTS

« Harry ?

— Mon oncle ?

— Vous avez l'air soucieux, mon garçon ; vous est-il arrivé quelque chose de fâcheux ?

— Non, mon oncle, en vérité.

— Hum ! vous n'êtes pas dans votre état normal : à peine avez-vous mangé une livre de rosbif à dîner, tout au plus avalâtes-vous quatre pintes d'ale et une de brandy ; puis vous marchez à grands pas toute la nuit dans votre chambre, ce qui me gêne pour dormir. *By Jove !* Harry, tout cela n'est pas naturel, et bien certainement vous avez une contrariété cachée.

— Mon oncle, je vous assure...

— Bien, bien, mon garçon. Vous ne voulez pas me confier votre secret, je n'insiste pas ; notez seulement ceci : quand vous aurez besoin de moi, vous me trouverez prêt à vous venir en aide par tous les moyens en mon pouvoir ; jamais le fils de ma pauvre sœur Mary ne sollicitera en vain mon appui. Maintenant Dieu vous bénisse, Harry, et au revoir, je vais à mes affaires. »

Ce disant, le gros Tom Smithson prit une énorme canne, qui

apportait un renfort extrêmement utile à ses jambes pour soutenir son énorme personne, et il sortit, laissant son neveu à ses réflexions.

Harry Johnson était un colosse ingénu, recélant une âme d'enfant dans un corps de géant, d'une force prodigieuse et d'une timidité invraisemblable. D'un coup de poing il assommait un bœuf; mais il rougissait, pâlissait, et successivement passait par toutes les couleurs de l'arc-en-ciel, aussitôt qu'il apercevait la silhouette mignonne de miss Suzy Blumberry.

Cette miss Suzy était d'ailleurs la plus jolie fille de Cincinnati; elle eût pu, par sa beauté, faire la réputation de sa ville natale, si cette cité commerçante n'eût été célèbre déjà à un autre titre. Brune comme une Sulamite, avec des yeux noirs éveillés et malicieux, elle joignait à ces qualités physiques l'avantage considérable et fort estimé d'être pourvue d'une dot énorme; aussi tous les jeunes gens de la grande cité aspiraient-ils à sa main et lui faisaient-ils une cour assidue, tout en se ménageant, par tous les moyens en leur pouvoir, les bonnes grâces de son père.

L'auteur de ces précieux jours, Mr Sam Blumberry, avait été, dans sa jeunesse, titulaire de l'un des cordons les plus importants de Paris; puis, avec les économies réalisées dans sa profession de concierge, il avait entrepris les commerces les plus dissemblables, et finalement avait gagné une forte somme grâce à laquelle, revenu dans la libre Amérique, il avait rapidement amassé une colossale fortune en cultivant le porc salé sur les rives heureuses de l'Ohio.

Suzy ne voyait pas John d'un œil indifférent, et John, en pensant à Suzy, perdait le boire et le manger.

Mais Sam Blumberry, homme éminemment pratique, estimait que deux plus deux donnant un total de quatre, il était déraisonnable de placer sa fille autrement qu'à un taux égal au revenu de sa dot, et il avait résolu de ne la marier point plutôt que de l'accorder à un épouseur valant moins d'un million de dollars; encore jugeait-il cette opération peu avantageuse, eu égard à la valeur intrinsèque de la jeune fille, qui pouvait bien, somme toute, entrer en ligne de compte.

Suzy était une petite personne bien élevée. Si elle avait une préférence marquée pour John, elle n'avait garde de la manifester, et elle se montrait d'autant plus soumise aux volontés paternelles, qu'elle savait parfaitement combien il était inutile de résister lorsque Sam avait pris une décision.

Le digne gentleman était avant tout un homme d'affaires; tout lui était transaction, et il considérait tous les événements de la vie comme pures et simples opérations commerciales; le mariage même rentrait dans cette catégorie. Son âme de négociant ne recélait pas le plus petit air d'idéal; la couleur azur du sentiment lui était inconnue totalement, et il eût rangé dans la catégorie des aliénés quiconque eût soutenu que sa fille pût ressentir la moindre inclination en dehors de la question chiffres, qui résumait, à son sens, les hyménées pour les gens sensés.

Au demeurant, le meilleur homme du monde, adorant son enfant, et d'une probité parfaite, à ce point que sa parole valait mieux qu'un traité.

« Les conventions écrites, disait-il, peuvent s'interpréter au gré des contractants; mais une parole donnée ne se discute pas. »

Le jour même où le bon Tom Smithson avait découvert la mélancolie de son neveu, Sam fit venir sa fille dans le bureau où il donnait des ordres à un nombreux personnel de commis et de comptables, et il s'exprima en ces termes :

« Suzy, vous aurez vingt ans révolus fin courant,

— Oui, p'pa.

— Bien. C'est l'échéance que j'ai fixée pour votre établissement, il est temps de vous faire une raison sociale. Le 30 du présent mois, nous choisirons votre fiancé, et il prendra livraison à trente jours. Je compte que vous ferez honneur à mes engagements ?

— Sans doute, p'pa, mais...

— *All right!* Je ne veux cependant vous contraindre en rien pour cette opération. Voici une liste d'échantillons... de fiancés, parmi lesquels vous pourrez choisir, les prix sont en regard des noms..., c'est-à-dire l'apport de chacun ; vous remarquerez que le minimum est de quatre millions de dollars, c'est la dot que je vous donne ; le total suffira pour les frais de premier établissement.

— Mon cher p'pa...

— Ah ! pour que vous puissiez éviter toute contrefaçon, je donnerai une grande fête, un bal costumé : c'est un divertissement très à la mode en ce moment ; nous adopterons un costume uniforme pour ceux de vos prétendants que j'admets à solliciter votre main, et les autres invités seront là uniquement pour la montre ; ce sont des soldes dont vous ne devrez pas vous préoccuper. Vous avez bien compris ?

— Oui, p'pa ; cependant...

— Très bien. Maintenant, Suzy, embrassez-moi et laissez-nous. Will, passez-moi la facture Potoker. »

La jeune fille vit qu'il n'y avait point à répliquer ; elle tendit sa joue à son père, qui y déposa un gros baiser, et elle s'en alla, le cœur un peu gros.

De son côté, le bon Tom, consterné du chagrin de son neveu,

creusait son épaisse cervelle, remuait péniblement des monceaux d'idées fort ingénieuses, mais plus impraticables les unes que les autres. Enfin il en arriva à conclure que le seul moyen de faire obtenir à Harry la main de la mignonne miss Blumberry était de lui remettre quatre millions de dollars; mais comme il possédait à peine le quart de cette somme pour toute fortune et qu'il ne concevait pas bien clairement le moyen de la compléter, il ne s'arrêta pas longtemps à cette pensée.

En désespoir de cause, il s'en fut trouver Nicolas Pottatoes. Ce jeune gentleman, généralement appelé Nick, par abréviation familière, passait à bon droit pour un rusé compère, d'un esprit fertile en combinaisons extraordinaires pour toutes les circonstances de la vie.

Nick écouta l'excellent homme avec beaucoup d'attention, en donnant de temps à autre des marques de vive sympathie; puis, quand ces confidences furent terminées :

« Monsieur, dit-il d'un air mystérieux, vous ne pouviez vous adresser mieux; vous voulez qu'Harry épouse miss Suzy?

— Certes, c'est là mon plus cher désir; mais...

— Bon, ne vous inquiétez de rien.

— Mais, mon cher Nick...

— Je réponds de tout. Sachez que moi-même je ressens une affection semblable pour miss Grâce Burlington, la fille du vieux Ned Burlington, qui a eu le mauvais goût de me la refuser, sous prétexte qu'il la destinait à un autre gentleman.

— Eh bien? je ne vois pas...

— Il n'est · nullement nécessaire que vous voyiez. Apprenez seulement ceci : Harry épousera Suzy, et moi j'épouserai Grâce.

— Dieu vous bénisse, jeune homme; mais comment vous y prendrez-vous?

— Cela me regarde. Ne vous inquiétez de rien, ayez seulement soin de vous rendre seulement avec votre neveu au bal que donnera Blumberry, et ne tentez aucune démarche. »

Tom secoua la tête d'un air légèrement incrédule, remercia Nick par politesse, et s'en fut aussi triste qu'avant sa démarche; tel un malade qui a consulté un empirique sans conviction et use de son remède par simple acquit de conscience.

Le jour de la fête arriva.

Le Tout-Cincinnati l'attendait avec impatience, et chacun préparait son travestissement pour faire assaut de splendeur et d'élégance.

Les heureux prétendants admis officiellement par Sam Blumberry avaient revêtu des costumes de toréador, destinés évidemment à rehausser leur bonne mine, mais d'un effet désastreux pour ces jeunes snobs, peu accoutumés à la désinvolture qu'exigeait cet accoutrement.

Les autres invités n'avaient point fait preuve de grande imagination, et l'on comptait de prodigieuses quantités de mousquetaires, de Méphistos, de seigneurs Henri II, plus une douzaine d'arlequins et autant de pierrots.

Suzy avait simplement choisi une arlequine de satin vert, avec un chapeau planté à la diable, en bataille sur ses cheveux bruns, qui lui donnait un air gentiment décidé, démenti par son visage soucieux. Son amie Grâce Burlington était une simple soubrette Louis XV, d'un goût exquis, au grand chagrin de monsieur son père, qui eût voulu un costume « avec beaucoup d'or ».

La jeune héroïne de la fête manquant un peu d'entrain, le bal n'était guère animé; aussi sut-on un gré infini à Nick, qui proposa un cotillon avec des figures inédites.

La gaieté revenait; les accessoires les plus simples et les plus comiques avaient mis les invités en joie.

Quand vint le tour de Suzy et de Grâce de prendre part aux jeux, Nick eut une idée plus plaisante que toutes les autres. L'un des danseurs était travesti en clergyman, — ce que plusieurs personnes avaient, par parenthèse, jugé assez inconvenant; — le jeune homme le plaça entre les deux amies et fit défiler les prétendants. Suzy et Grâce devaient désigner deux privilégiés; on ferait le simulacre d'unir les deux couples, et l'on terminerait la figure par un tour de valse.

Les élus furent Harry et Nick, le premier en botte de paille et le second en botte de foin, costumes éminemment originaux et peu coûteux.

Le clergyman prononça les paroles sacramentelles, et l'orchestre fit entendre les premières mesures du *Beau Danube bleu*.

Alors Nick, gravement et d'une voix forte, s'écria :

« Mesdames et messieurs, j'ai l'honneur de vous faire part du mariage de miss Suzy Blumberry avec Mr Harry Johnson, et aussi celui de miss Grâce Burlington avec Mr Nicolas Pottatoes, unis en légitimes nœuds par le révérend Martin Clark, ici présent! »

Il y eut un moment de stupeur.

On se demandait si c'était la suite de la plaisanterie ou si cela était sérieux. Bientôt il n'y eut plus d'équivoque, le révérend ayant fait connaître, à n'en pas douter, son incontestable identité[1].

Les deux couples étaient bel et bien mariés.

Mr Burlington, pourpre de fureur, à un point alarmant pour la santé de ce gentleman, se précipitait pour étrangler son gendre, lorsque Sam Blumberry intervint : .

« Suzy, dit-il, avez-vous répondu oui pendant cette... cérémonie?

— Sans doute, mon père.

— En ce cas, il n'y a pas lieu de faire rompre cette union, les Blumberry, grâce à Dieu, n'ont qu'une parole. Et je vous engage, mon cher Burlington, à faire comme moi; la probité commerciale avant tout. Endossez l'effet. »

Grâce à ce puissant allié, les nouveaux mariés eurent promptement gain de cause; ils vécurent heureux et firent prospérer la maison Blumberry et la maison Burlington, qui gagnèrent plus de dollars que jamais.

[1] L'État américain reconnaît comme civilement valables les mariages purement religieux.

A COURTELINE

LA VENGEANCE DE MACHICADOUR

Un chevalier bardé de fer vint s'asseoir en proclamant : « Je ne veux pas me coucher ! »

LA VENGEANCE DE MACHICADOUR

La scène se passe à Montmartre, au cabaret du *Clou*. Autour d'une table couverte de mets d'une frugalité incontestable et de carafes de bière vides, quatre amis intimes discutent, les coudes sur la table, dans l'expansif bien-être de la digestion.

Ces messieurs fument des pipes monstrueuses qui rendent l'air circonvoisin notablement irrespirable. On agite les plus graves questions d'art, attendu que ces quatre jeunes gens représentent l'élite de la « Butte » en des professions diverses mais relevées, savoir : Stanislas Mouchapatte, peintre, élève du célèbre intentionniste Perpignan-Landrec ; la Hurlette, rédacteur influent à l'*Autonomie de Montmartre* ; Machicadour, sculpteur, élève de lui-même, et Urbain Potenciel, clerc d'huissier.

MOUCHAPATTE, avec animation.

Je te dis que Mufflardin a du talent, beaucoup de talent.

MACHICADOUR, ironique.

Du génie même.

MOUCHAPATTE, s'échauffant.

As-tu vu son *Coucher de soleil dans la mer Noire ?*

LA HURLETTE

La mer est rouge, et le ciel couleur de cirage.

MOUCHAPATTE, qui confine au délire.

C'est épatant ! mon vieux. Justement, la mer se reflète au ciel et le ciel sur la terre.

MACHICADOUR, sardonique, chantant.

On n'sait pas si c'est d' la peinture,
Du Nubian ou d' la confiture :
Ah ! ah ! ah ! mais vraiment,
Ce Mufflardin a du talent.

MOUCHAPATTE, vexé.

On ne peut pas parler sérieusement avec toi.

MACHICADOUR, hilare.

Je n'ai jamais été plus grave.

POTENCIEL, qui était jusque-là demeuré enseveli dans une douce torpeur, s'éveillant tout à coup :

Le vin de Grave n'est pas mauvais non plus.

LA HURLETTE

Tu es ivre, Potenciel.

LE CHŒUR DES CONSOMMATEURS

Potenciel est ivre, cela ne fait pas l'ombre d'un doute.

MACHICADOUR, gaiement.

C'est inconcevable, cet animal se grise avec de l'eau de Saint-Galmier.

MOUCHAPATTE

Évidemment. Tout au plus bûmes-nous trois absinthes, et à dîner, nous n'absorbâmes point la valeur de quinze bocks chacun.

LA HURLETTE

Potenciel, tu es le rebut des officiers ministériels.

MACHICADOUR

Il est certain que cet infortuné jouit d'une nature faible et chlorotique.

LE CHŒUR, considérant avec surprise Potenciel, qui offre les apparences d'un colosse fortement congestionné.

Se peut-il ?

MOUCHAPATTE

Il se peut. Et comme cet adolescent est généralement insupportable quand il se trouve dans l'état où l'a plongé cette faiblesse constitutionnelle, je crois qu'il est de notre devoir de l'emmener pour l'insérer entre ses draps, où il reprendra des forces à loisir.

LE CHŒUR, avec énergie.

Emmenez-le ! Emmenez-le !

LA HURLETTE, à Potenciel d'un air persuasif.

Allons, viens, nous allons te reconduire chez toi.

POTENCIEL, sur un ton de doux entêtement.

Je ne veux pas me coucher.

MACHICADOUR, avec autorité.

C'est en vain que tu nous résisterais, ô Potenciel ! tu ne saurais prendre part, à cette heure, à nos échanges d'intellectualités, et il convient que tu disparaisses pour ce soir, dans ton intérêt comme dans le nôtre ; car il serait puéril de le dissimuler, tu es insociable quand tu t'enivres.

LE CHŒUR, rinforzando.

Emmenez-le !

MOUCHAPATTE, <small>prenant Potenciel sous son bras, tel un enfant de deux ans.</small>

Allons, viens.

POTENCIEL, <small>en un murmure imperceptible mais obstiné.</small>

Je ne veux pas me coucher.

Néanmoins Mouchapatte emporte le rebelle, cependant que ses deux camarades hèlent un fiacre qui passe au petit trot, avec un bruit inquiétant de ressorts cassés. L'automédon, dont la tenue est quelque peu négligée, s'arrête en revêtant ses traits de la mauvaise humeur hargneuse dont ses pareils ont accoutumé de gratifier le « bourgeois », tradition respectable et remontant, si l'on en croit les historiens dignes de foi, à l'origine même de la corporation.

LE COCHER, <small>s'arrêtant.</small>

Où qu'vous allez ? <small>(Rageusement.)</small> J'vas pas vous charrier tous les quatre, bien sûr : y a que deux places dans le salon.

MACHICADOUR, conciliant.

Ne craignez rien, bon vieillard, il s'agit seulement de ramener, 46, rue de Douai, à deux pas d'ici, ce jeune insensé, qui est gris comme un Polonais, gris comme le ciel de Varsovie.

LA HURLETTE, donnant quarante sous au cocher.

Et nous payons d'avance, pour le cas où ce malheureux, dans son inconscience, négligerait de remplir vis-à-vis de vous cette formalité.

MOUCHAPATTE, avec une sollicitude de mère.

Ayez soin de lui.

LE COCHER, qui s'attendrit à la vue de Potenciel dans l'état où lui-même sera peut-être demain.

Craignez rien, bourgeois, ça me connaît.

Avec des égards inhabituels, il aide les camarades du « malade » à l'insinuer dans le fiacre, ferme la portière et part, à une allure modeste, dans la direction indiquée.

Quand la voiture a disparu :

MOUCHAPATTE

Maintenant que nous avons accompli les devoirs de l'amitié, que penseriez-vous d'une coupe d'hydromel à la *Chevalerie errante ?*

LA HURLETTE ET MACHICADOUR, goûtant cette heureuse idée.

Ça va.

Cinq minutes après, le trio est attablé au cabaret de la *Chevalerie errante,* vaste local dont les murs recouverts de papier peint jouant les vieilles tapisseries, et les meubles de sapin saturés de brou de noix, s'efforcent de reconstituer une salle de château moyen âge. Des deux côtés de la vaste cheminée en simili-chêne, deux armures complètes figurent des chevaliers, de façon à parfaire la couleur locale.

MACHICADOUR, au garçon revêtu bizarrement d'un pourpoint verdâtre et d'un maillot abricot et chaussé de bottines à élastiques un peu mûrs.

Serf, apporte-nous trois hanaps de cervoise.

LA HURLETTE, avec importance.

Je vous disais que, dans mon prochain article, j'avais l'intention de flanquer un abattage à Alexandre Dumas...

MOUCHAPATTE, l'interrompant.

Dieu me pardonne, le voilà qui revient !

MACHICADOUR

Alexandre Dumas ! Mais il est mort, mon vieux ; le délire s'empare de tes sens !

LA HURLETTE, avec humeur.

Tu es insupportable, on ne peut pas causer une minute sérieusement !

MOUCHAPATTE

Mais non, pas Alexandre Dumas, Potenciel.

MACHICADOUR ET LA HURLETTE, avec un sursaut.

Pas possible !... Mais si, le voilà !

TOUS LES TROIS, avec un ensemble touchant.

Que le bon Dieu le bénisse !

POTENCIEL, arrivant et parvenant, non sans de véritables efforts, à prendre place sur un escabeau.

Je ne veux pas me coucher.

MACHICADOUR, exaspéré.

Ah ! tu ne veux pas te coucher. Eh bien, au moins, tu ne nous embêteras plus de la soirée !

Et, empoignant l'ivrogne sans défense, il le met sur ses pieds devant la cheminée, puis, aidé de ses deux complices, l'insinue pièce à pièce dans une des armures, recommandant au garçon-serf de ne le lâcher qu'à la fermeture de l'établissement; à ce moment seulement il conviendra de le hisser dans un fiacre et de l'expédier, port payé, rue de Douai, 46, son domicile légal et politique.

Une pièce de cent sous accompagne ces prescriptions, et on se rend au *Chat-Noir*, tranquilles cette fois et l'âme paisible, discuter les mérites comparés de Richard Wagner et du bon poètecompositeur Trifouillat, célèbre dans les brasseries montmartroises par la grande dodécalogie qu'il a l'intention formelle d'écrire un jour.

On dévore à belles dents l'auteur « vieux jeu » de *Parsifal*, quand un grand bruit de ferraille se fait entendre, et, à la grande surprise des assistants, un chevalier bardé de fer, la visière baissée, vient s'asseoir à côté des jeunes critiques en proclamant :

« Je ne veux pas me coucher. »

Cette fois, toute résistance devenant impossible, la Hurlette déclare férocement qu'il n'y a plus qu'à l' « achever », et pour ce faire on prodigue à l'infortuné Potenciel tant de chartreuse et de kummel, qu'il finit par rouler sous la table avec un tapage effroyable.

Enfin force étant restée aux trois amis, on emmène le chevalier errant sans résistance et bien définitivement, cette fois.

Machicadour avait gardé rancune au clerc de son insupportable obstination, et il résolut de tirer de lui une vengeance éclatante.

Avec la Hurlette et Mouchapatte dans la confidence, ils choisirent un jour où Potenciel dînait chez son patron, l'huissier J.-B. Degrèves, se rendirent chez lui, ouvrirent sa porte à l'aide d'un crochet, et pénétrèrent dans l'antichambre.

Avec une activité dévorante, ils enlevèrent tout ce qui la meublait en un tour de main, collèrent du papier japonais sur les murs, bouchant les portes au point de les rendre parfaitement insoupçonnables ; ils clouèrent çà et là des trophées d'éventails et se retirèrent satisfaits, très amusés à l'avance de ce qui attendait leur camarade.

A une heure du matin, ils étaient dissimulés sous une porte cochère des environs et guettaient impatiemment le retour d'Urbain Potenciel.

Enfin il parut, point ivre cette fois, et d'un geste tranquille et résolu tira le cordon de la sonnette.

La porte s'ouvrit. Il la referma soigneusement derrière lui et monta.

Arrivé au quatrième étage, il insinua la clef dans la serrure. A tâtons, il chercha la porte de sa chambre et ne la trouva pas ; alors, enflammant une allumette, il jeta un regard circulaire dans la petite antichambre.

Tiens, murmura-t-il, je me suis trompé ; j'ai monté un étage de moins. (Il gravit de nouveau l'escalier et trouve les mansardes.) C'est incroyable, je ne suis pas gris pourtant. (Et il retourne dans son logement.) Il n'y a pas à dire, ce n'est pas mon antichambre... D'ailleurs il n'y a pas de portes ! (Puis, se frappant

le front.) Je me serai trompé de maison. (Dégringolant l'escalier, il demande le cordon et sort.) C'est bien le numéro 46 !... Alors je me serai trompé de rue !

Les trois mystificateurs poussaient le rire jusqu'à la convulsion à la vue de sa mine hébétée.

Potenciel alla jusqu'au coin de la rue de Douai, et lut l'écriteau illuminé par un bec de gaz placé au-dessous.

Il passa la main sur son front, se sentant pris de vertige :

Décidément je suis gris, fit-il à haute voix. Il est inutile de faire du scandale dans ma maison, on me donnerait congé !... je vais coucher à l'hôtel.

Et il y fut.

Le lendemain, tout s'éclaircit non sans quelque peine ; mais jamais Urbain ne sut qui lui avait joué ce tour pendable.

L'ADMINISTRATION

Quelques peintres chevelus, — les derniers, — passent avec une dignité olympienne.

L'ADMINISTRATION

A l'entrée d'un grand musée de l'État, le matin. Quelques peintres chevelus, — les derniers, — portant de gigantesques feutres mous, noirs et à grands bords, avec les pantalons quadrillés abandonnés par tous les artistes depuis Cabrion, passent avec une olympienne dignité devant les gardiens indifférents. Beaucoup de femmes défilent, ni jeunes ni belles, quelconques, portant un attirail compliqué ; ce sont des habituées ; elles vont, saluant au passage les employés de l'État ; ces importants fonctionnaires répondent d'un signe de tête, quelques privilégiées obtiennent le sourire et ne s'en montrent pas médiocrement fières.

Entre Mme Marigny : cheveux gris, pince-nez, figure ouverte, spirituelle et sympathique, élégance discrète et de bon goût ; ne possède pas seulement le talent d'amateur auquel lui donne droit sa qualité de femme du monde, mais une réelle valeur, due à de persévérantes et consciencieuses études. Sous son bras elle tient le classique chevalet, une toile, le petit pliant, la boîte à couleurs et un amour de petit tablier, de couleur exquise, ruché et froufroutant, d'un goût merveilleux : le petit tablier est encore plus joli que la robe qu'il doit protéger.

Comme elle a, jusqu'à présent, fait des copies et des études d'après les maîtres, au Luxembourg seulement, elle n'est pas connue ici, et un gardien l'arrête, avec la grâce que déploie un agent de police à appréhender au corps un vagabond professionnel.

LE GARDIEN

Dites donc, vous là-bas, où allez-vous ?

Mme MARIGNY, qui rêve des tons suaves du tableau qu'elle va reproduire, ne remarque pas
le ton insolent du préposé officiel et répond très poliment :

Monsieur, je vais faire une étude d'après Murillo. Je vous remercie,
je sais où c'est, je connais le musée.

LE GARDIEN, encore plus grincheux.

Je ne vous demande pas tout ça ; montrez voir votre permis, parce
que vous avez beau dire que vous en avez un, (s'échauffant) je ne suis pas
obligé de vous croire sur parole.

Mme MARIGNY, qui est bonne comme le bon pain du bon Dieu, mais vive comme une souris,
s'apercevant de la grossièreté du butor et se redressant :

Monsieur, je ne vous ai pas dit que j'avais un permis, car je n'en
ai pas, et le mensonge n'est pas dans mes habitudes ; mais, en tout
cas, vous pourriez m'interpeller sur un ton moins... carnassier !

LE GARDIEN

Eh ben, si vous n'avez pas d'autorisation, il faut aller en demander
une.

Mme MARIGNY

Où cela ?

LE GARDIEN, entre ses dents avec volubilité, sur un ton inintelligible.

Chez le sous-conservateur du matériel. Prenez... première galerie
à gauche... mn, mn, mn... premier couloir à droite, mn, mn, mn...
gauche, mn, mn, mn... porte en face.

Mme MARIGNY, qui a écouté avec attention.

Je vous demande pardon, monsieur, auriez-vous la bonté de
répéter ? je n'ai pas bien saisi.

LE GARDIEN, avec humeur.

Pas difficile pourtant ! je crois que je parle français. Prenez la pre-miè-re ga-le-rie à gauche, mn, mn, mn... trez 'scalier, mn, mn, mn... 'loir d'droite, mn, mn, mn... 'gauche et la porte en face.

« Pardon, monsieur, auriez-vous l'obligeance de m'indiquer le bureau du sous-conservateur ? »

Mme MARIGNY, résignée.

Je vous remercie, monsieur.

(Elle sort, descend un escalier, en remonte un autre et aperçoit un nouveau gardien se promenant d'un air à la fois important et maussade.)

Mme MARIGNY

Pardon, monsieur, auriez-vous l'obligeance de m'indiquer le bureau du sous-conservateur?

LE GARDIEN, avec l'air aimable d'un chien auquel on arrache un os.

C'est pour quelle affaire?

Mme MARIGNY, avec une patience angélique.

Pour obtenir l'autorisation de copier un tableau.

LE GARDIEN, sur le même ton ineffable.

Fallait donc le dire! Deuxième escalier à gauche, couloir en face, dernière porte au fond; là vous demanderez. (Rageusement.) Vous ne pensez peut-être pas que je vais vous y conduire?

Mme MARIGNY, sèchement.

Je ne vous le demande pas, monsieur; je ne voudrais pas vous distraire de vos laborieuses occupations.

(Un peu nerveusement, et gênée par son bagage, elle opère l'ascension pénible des escaliers; puis, après s'être quelque peu égarée dans de tortueux dédales, elle parvient enfin au couloir désigné.

Doucement elle frappe à la « dernière porte au fond; » une voix désagréable répond:

Un jeune homme très élégant s'occupe à polir ses ongles.

Entrez!

Elle ouvre et se trouve en face d'un jeune homme très élégant, qui s'occupe fort activement à polir ses ongles entretenus avec un soin excessif.)

Mme MARIGNY

C'est à monsieur le sous-conservateur que j'ai...

LE JEUNE HOMME, avec une dignité ennuyée.

Non, madame, je suis son secrétaire.

Mme MARIGNY

Pourrais-je le voir ?

LE JEUNE HOMME, continuant sa petite
toilette.

Il est absent en ce mo-
ment. Est-ce pour une affaire
personnelle ?

Mme MARIGNY

Mon Dieu non, monsieur ;
je voulais simplement lui demander l'autorisation
de copier un tableau
de Murillo.

LE JEUNE HOMME

Monsieur le sous-conser-
vateur n'est pas là, madame,
si vous voulez l'attendre...
dans le couloir, il reviendra
dans une heure.

Monsieur le sous-conservateur est occupé.

Mme MARIGNY

Je vous remercie, monsieur.

(*Exit* Mme Marigny, qui va prendre place sur une banquette en velours rouge un peu râpé, réfléchissant à part soi qu'elle va perdre sa matinée, mais qu'à tout prendre il est préférable encore de ne point avoir à revenir en cette galère une seconde fois.

A la pointe de l'épée.   7

Une heure se passe, combien longue! puis une heure et demie; Mme Marigny assiste sans enthousiasme au déjeuner du garçon de bureau, tout en songeant qu'on l'attend chez elle, qu'elle a fort à faire dans la journée; nerveusement elle calcule l'emploi du temps pour regagner celui qu'elle aura perdu dans cette longue attente.

Enfin un monsieur bedonnant, à la barbe poivre et sel, soufflant comme un phoque âgé, entre dans le bureau avec la paisible majesté du fonctionnaire considérable.)

Mme MARIGNY, au garçon de bureau.

Ce monsieur est probablement monsieur le sous-conservateur?

LE GARÇON, d'un air de dédain mitigé de méfiance.

Naturellement que c'est lui. Vous ne le connaissez donc pas?

Mme MARIGNY

Non... Voulez-vous lui passer ma carte et lui demander s'il peut me recevoir?

LE GARÇON, protecteur jusqu'à la compassion.

Allons, donnez.

(Il frappe, pénètre dans le sanctuaire et ressort presque aussitôt.)

Attendez un instant, monsieur le sous-conservateur est occupé.

(Avec une force d'âme antique, Mme Marigny retrouve la quantité de patience nécessaire pour subir cette nouvelle épreuve.

Au bout d'une demi-heure, coup de sonnette; le garçon refrappe et repénètre dans le bureau.)

Entrez.

Mme MARIGNY, au sous-conservateur qui replie le *Figaro* en lançant d'énormes bouffées
d'un cigare exquis, avec une nuance légère d'ironie.

Monsieur, je vous prie de m'excuser si je vous dérange, je désirerais avoir un permis pour copier un tableau de...

LE SOUS-CONSERVATEUR

Il faut vous adresser au conservateur principal.

Mme MARIGNY

C'est que je ne sais pas...

LE SOUS-CONSERVATEUR, indiquant d'un geste royal que l'audience est terminée.

Le garçon de bureau vous renseignera.

(Il se plonge dans le *Gaulois,* et disparaît entièrement sous ce vaste format.)

Mme MARIGNY, un peu sèche.

Je vous remercie, monsieur.

(Elle sort et s'informe auprès du garçon, qui d'un ton lassé lui donne des indications vagues. Le voyage à travers les escaliers interminables et les couloirs infinis recommence.

Au bout d'une bonne heure de déambulation laborieuse et de renseignements insuffisants, péniblement obtenus à grand'peine d'une nuée d'employés aux façons d'anthropophages, Mme Marigny obtient, avec des efforts inouïs, un entretien sommaire avec un second petit jeune homme, secrétaire de M. le conservateur principal.

Elle apprend avec une joie médiocre que ce potentat est à la campagne, et qu'il reviendra dans quelques (?) jours seulement.

Enfin, excédée, rompue de fatigue, elle rentre chez elle, où elle déjeune à trois heures, ayant perdu sa journée.

A huit jours d'intervalle, elle retourne chez M. le conservateur principal.

D'un air spirituellement goguenard, le garçon de bureau l'informe que l'invisible fonctionnaire sera là seulement lundi, ayant été faire l'ouverture de la chasse en Bourgogne.

Le lundi, revenue avec une indomptable persévérance, elle apprend que ce conservateur-fantôme est « chez le ministre ».

En sortant, une idée ingénieuse lui vient, et, avisant un gardien à mine moins rébarbative planté devant les salles de peinture, elle lui demande :

Monsieur, ne pourrait-on pas, par le ministère des Beaux-Arts, obtenir le permis né-cessaire pour copier un tableau ?

(Ce serait, conclut-elle à part soi, peut-être plus facile que de dénicher ce personnage introuvable !)

« Ces barbouilleuses, ça en fait-il des embarras ! »

LE GARDIEN, avec un mépris nullement dissimulé.

Mais, ma bonne dame, vous n'avez pas besoin de permis, vous pouvez copier tout ce que vous voudrez ; le règlement autorise tout le monde.

Mme MARIGNY

! ! !...

LE GARDIEN, entre haut et bas tandis qu'elle s'éloigne.

Ces barbouilleuses, ça en fait-il des embarras !

A André MESSAGER

L'HUISSIER DE ZEMMORAH

De bien loin on s'empressait à venir en pèlerinage à la zaouïa de M'hammed.

L'HUISSIER DE ZEMMORAH

Le marabout M'hammed-ben-Aoûda était célèbre dans toute la province d'Oran, où il était considéré comme l'élu d'Allah sur cette terre, et comme un des flambeaux de l'Islam.

Vénéré par les fidèles musulmans, il jouissait aussi d'avantages purement terrestres, conséquences naturelles de cette renommée. De bien loin on s'empressait à venir en pèlerinage à sa zaouïa, proche du village de Zemmorah.

Les plus riches lui laissaient une aumône abondante; d'autres, moins aisés, lui témoignaient, selon leurs moyens, leur pieuse vénération.

Un grand nombre, tout à fait indigents, ne laissaient pas de s'empresser aussi chez le saint personnage, qui les hébergeait au nom du Prophète, les traitait de son mieux et les renvoyait avec quelque argent, proportionné à leurs besoins.

Or il advint un jour que, les aumônes de M'hammed ayant été plus abondantes et les offrandes moins considérables, le marabout se trouva fort gêné, non que, grâce à sa sobriété, il ne lui restât suffisamment pour lui-même, mais il lui devenait impossible d'aider ses coreligionnaires.

Alors il fit comme les Arabes en pareil cas, il s'en fut trouver un sien voisin, du nom d'Ismaël, israélite de race et fort enclin, par tempérament, à venir charitablement en aide aux personnes gênées, en leur prêtant quelque argent sur intérêt un peu au-dessus du taux légal.

Ismaël ne se fit point prier; il versa la somme demandée, moitié monnaie de France, moitié en marchandises très raisonnablement avariées, contre un billet à échéance d'un mois, dans lequel l'emprunteur s'obligeait à rembourser au prêteur, à la date du 1er août prochain, une somme notablement supérieure à celle qui avait été versée.

A peu près rassuré pour le présent, M'hammed songea à assurer l'avenir. Il partit, dans le dessein de faire une grande tournée de quête dans les grandes villes de l'Algérie et commença par Al-Djezaïr, que les chiens d'infidèles dénomment vulgairement Alger.

Tout alla bien dans les premiers jours. Il avait emmené un lion superbe, élevé par lui dans la zaouïa, et qui le suivait comme un chien familier.

Les musulmans, pleins de vénération, accouraient en foule auprès de bou Sbê (le père du lion); ainsi l'avaient-ils appelé dès son arrivée.

Chacun se hâtait de déposer peu ou beaucoup, suivant ses moyens, dans la djebira du saint homme, après s'être prosterné et avoir baisé un pan de son burnous.

Malheureusement, un jour, advint un déplorable accident qui gâta tout.

Un croyant, trop zélé, crut faire un acte agréable à Allah en introduisant sa tête rasée dans la gueule du lion qui bâillait ; le noble animal, croyant peut-être à une offrande personnelle, referma brusquement ses mâchoires et croqua, avec une évidente satisfaction, le chef de l'infortuné.

Déplorable conséquence de la civilisation ! Le commissaire de police intervint, noircit force paperasses, fit une innombrable quantité de rapports destinés à être transmis hiérarchiquement au ministère de l'intérieur, et ne renonça à ordonner l'autopsie de la victime que parce que ses parents, indigènes de l'Hillil, avaient emporté le corps en manifestant l'intention bien arrêtée de ne le céder à personne.

Quoi qu'il en soit, M'hammed-ben-Aoûda fut instamment prié de regagner ses domaines avec son dangereux compagnon, et deux gendarmes maures furent chargés de l'accompagner, peut-être moins pour lui faire honneur que pour s'assurer de son obéissance aux ordres de l'administration.

Rentré chez lui, le marabout, dégoûté des voyages, se tint coi, et, en bon musulman, résolut de s'en remettre à la volonté d'Allah et de ne plus s'occuper de la dette contractée envers le « youdi » Ismaël. Persuadé que ce qui devait en advenir était écrit là-haut, il reprit son existence accoutumée, sans songer désormais à se tirer d'affaire.

Cependant le 1er août arriva.

Le matin, un « roumi », revêtu d'habits sordides et dont la répugnante malpropreté corporelle marquait jusqu'à l'évidence l'inhabitude des ablutions quotidiennes, vint remettre à l'homme de Dieu le billet souscrit par lui à Ismaël, et réclamer en échange la somme de deux mille francs, montant de l'effet.

M'hammed-ben-Aoûda répondit qu'il s'en fallait de cent francs qu'il n'eût le compte et pria son visiteur de vouloir bien prendre l'argent, promettant de donner le reste sous peu.

Le répugnant individu se mit à rire grossièrement et répliqua qu'il lui fallait tout ou rien.

Sur quoi le marabout, étonné, remit les dix-neuf cents francs dans sa djebira et congédia le messager, en lui souhaitant charitablement l'aide d'Allah.

Le lendemain, un petit carré de papier fut glissé sous la porte; on y lisait seulement ces mots :

Isidore Bélitrac
Huissier à Zemmorah

Le vent du désert emporta ce chiffon, et le faisant tourbillonner jusqu'aux nuages pour le laisser après retomber dans la poussière d'or du sol, sembla proclamer combien mesquines et myrmidonnesques paraissaient aux grandes forces de la nature créées par le Tout-Puissant, les institutions humaines, voire celles des huissiers et des chicanous de toutes sortes.

Cet homme était porteur d'un papier bleuâtre.

Mais, quelques jours après, ce fut bien une autre affaire.

Un second roumi, infiniment plus sale encore que le premier, apparut, revêtu d'une longue redingote qui rougissait au soleil ardent de l'Afrique, — peut-être des taches de graisses dont elle était couverte, — et coiffé d'un chapeau de paille jadis blanche, mais présentement aussi noire que l'eût dû être la redingote.

Cet homme imposant était porteur d'un papier bleuâtre maculé de crasse, et au coin duquel était figurée la Justice, sous les traits peu flatteurs d'une jeune dame, portant d'une main des balances de pharmacien, et de l'autre un sabre d'infanterie, modèle 1852, vulgairement appelé coupe-choux.

M'hammed demanda qu'on lui voulût bien lire ce document, et écouta avec une indicible stupeur sans y comprendre un seul mot.

Il y était dit en substance que :

A la requête du sieur Ismaël, résidant à Zemmorah, Isidore Bélitrac, huissier, domicilié au même lieu que dessus, faisait commandement itératif au sieur M'hammed-ben-Aoûda, parlant à sa personne, ainsi déclaré, de, sur-le-champ, en vertu d'un jugement rendu par le tribunal d'Oran, payer la somme de deux mille francs en principal, plus les intérêts et les frais, sous réserve que de droit, le tout, au total, montant à la somme de treize mille trois cent vingt-six francs soixante-sept centimes, lui déclarant que, faute par lui de ce faire, il sera procédé à la saisie. A quoi le sieur M'hammed-ben-Aoûda avait répondu...

« Qu'est-ce que vous répondez? interrogea Bélitrac.

— *Mektoub* (c'était écrit), fit le marabout, qui démêlait vaguement une catastrophe parmi tout ce fatras incompréhensible.

— Ayant répondu : *Mektoub*, continua l'huissier, nous avons procédé à la saisie. »

Et il y procéda aussitôt.

La besogne fut courte; outre son humble demeure, M'hammed possédait un coffre renfermant quelques gandouras, un petit âne et le lion.

C'était tout.

Le jour où la vente arriva, selon les coutumes et d'après la décision de ce tribunal d'Oran, puissance occulte et redoutable à laquelle le serviteur du Prophète ne songeait qu'avec terreur, cette « opération » devait s'accomplir sur la place publique de Zemmorah, dont la zaouïa était distante d'une dizaine de kilomètres.

En conséquence, maître Bélitrac vint avec l'aurore pour quérir les

Dès le premier coup de dent, Ismaël avait disparu.

objets saisis; Ismaël l'accompagnait, tenant, en bon commerçant, à ce que les choses se passassent selon la bonne règle, et surtout à ce qu'on ne le frustrât point de la moindre parcelle de ce qui devait être mis aux enchères à son profit.

Le coffre fut chargé sur la voiture de l'huissier, — qui facétieusement sifflait la « Marseillaise ibérique » du *Tribut de Zamora;* l'âne fut attaché derrière; mais, quand il s'agit d'emmener le lion, Bélitrac déclina modestement sa compétence.

En vain le « requérant » excipa-t-il du jugement rendu, inutilement menaça-t-il de se plaindre de la non-exécution dudit jugement, Isidore fit la sourde oreille et envoya finalement promener son client d'assez verte façon, en l'engageant à opérer lui-même, si bon lui semblait.

Furieux de voir lui échapper l'objet susceptible de lui rapporter le plus à la vente, ne fût-ce que pour sa peau, Ismaël s'approcha de l'animal et, dans l'espoir de l'amadouer, lui offrit un morceau de mouton destiné à son propre repas.

Le roi du désert, n'imaginant pas sans doute qu'on pût lui présenter aussi mince pâture, crut probablement que c'était la tête du juif, penchée sur lui, qu'on le priait d'accepter.

Il se montra sensible à sa façon à cette politesse, et l'accepta sans hésitation ; son goût pour cette nourriture parut même si vif, qu'il eût été dangereux d'interrompre le festin.

Dès le premier coup de dent, Ismaël avait disparu.

Les enchères furent remises, et les Arabes ne manquant pas de proclamer que Mahomet avait visiblement protégé le saint, en peu de temps, la renommée de ben-Aoûda s'accrut tellement, qu'il put facilement payer aux héritiers de l'infortuné Ismaël le « principal » et les frais.

Mais chacun exprima de plus loin sa vénération à « sidi Sbê. »

LE CRIME DE LA GARE DE LYON

« Monsieur le commissaire, je viens vous chercher de la part de M. le chef de gare... »

LE CRIME DE LA GARE DE LYON

« J'ai cinq cartes par une quinte à la dame.

— Ça ne vaut rien... quinte au roi en cœur.

— On voit bien que c'est vous qui avez donné, gémit M. Lega-roux, commissaire de surveillance à la gare de Lyon ; vous vous servez bien, monsieur Talonnet.

— Je ne l'ai pas fait exprès, monsieur le commissaire, répliqua humblement le secrétaire.

— Parbleu, je le pense bien !... Pique... »

On frappa à la porte :

A la pointe de l'épée.

8

« Entrez !... Je prends... Encore du pique...

— Monsieur le commissaire, balbutia l'arrivant, qui portait le costume des employés de chemins de fer, — je viens vous chercher de la part de M. le chef de gare,... c'est pour un crime.

— Un crime ! grommela le magistrat, ça tombe bien ; moi qui allais prendre mes vacances, je vais être obligé de rester ici pour l'enquête !... Un crime dans cette saison, en plein mois d'août ! Il y a des gens qui ne sont vraiment pas raisonnables !... Enfin, j'y vais. »

Jetant ses cartes avec humeur, il prit son chapeau et suivit le fâcheux qui l'avait si malencontreusement dérangé.

Tout le personnel était en émoi ; nombre de voyageurs même avaient envahi la salle où l'on dépose d'ordinaire les bagages en consigne.

M. Lebon, le chef de gare, un beau vieillard à figure énergique et douce encadrée dans une abondante chevelure blanche, s'efforçait vainement de faire partir les curieux qui se pressaient autour de lui avec une énergie alarmante pour l'intégrité de ses voies respiratoires.

« Talonnet, commanda M. Legaroux d'une voix brusque, allez chercher des agents, et qu'on renvoie tout ce monde. »

Cet ordre fut exécuté assez rapidement, non sans notables horions distribués abondamment aux récalcitrants.

Enfin le magistrat put pénétrer à son tour. Il franchit le cercle formé par les dignitaires du P.-L.-M. entourant une caisse carrée, assez étroite et de forme allongée.

« Monsieur le commissaire, fit le chef de gare d'une voix étranglée, un crime affreux vient d'être commis...

— Et, naturellement, vous n'en connaissez pas les auteurs ? Non, c'est inouï ; il faut que nous fassions tout ! Enfin...

— On peut supposer que le principal coupable a eu des complices, car...

— C'est bon, nous verrons cela tout à l'heure. En attendant, voilà ma villégiature flambée ! *Dulcia linquimus arva.* »

M. Legaroux avait fait une partie de sa carrière en province, et, s'y ennuyant fort, s'était adonné aux belles-lettres. A Yssingeaux, l'on

M. Jolibois fit comparaître devant lui tous les employés de la gare.

a encore de lui une traduction des œuvres de Virgile qui fait autorité parmi les membres de l'Académie libre de cette ville.

« Croyez bien, monsieur le commissaire, que je suis désolé...

— N'en parlons plus, c'est la destinée ; *fatum,* ἀνάγκη... Voyons, de quoi s'agit-il ?

— Voilà, monsieur le commissaire. Il y a un mois environ, on a déposé à la consigne ce colis venant de Marseille, et, paraît-il, on devait venir le prendre le jour même du dépôt, comme cela est mentionné sur

cette petite note collée sur le couvercle. Or personne ne s'est présenté ;
ce matin les employés chargés de la garde des bagages en consigne,
étonnés de ne pas revoir le propriétaire de cette caisse, ont eu la curio-
sité d'en soulever le couvercle mal joint, et ils ont fait l'affreuse
découverte que voici. »

Sur un signe de M. Lebon, le dessus de la caisse fut enlevé, et
M. Legaroux aperçut un cadavre rigide, étonnamment conservé, mais
la tête desséchée, parcheminée, comme pétrifiée. Le reste du corps
était enveloppé dans une ample couverture de voyage.

« *Horrendum !* murmura le représentant de la loi. Talonnet, ajouta-
t-il, faites immédiatement prévenir le parquet. En attendant l'arrivée
du procureur de la République et du chef de la sûreté, je vais com-
mencer l'enquête. »

Et il le fit comme il le dit. Pendant une grande heure il interrogea
successivement un nombre considérable de gens, qui d'abord ne se
souvinrent de rien, puis finirent par se rappeler une quantité prodigieuse de circonstances et de faits, tous en contradiction notoire.

Les gardiens et le chef de bureau de la consigne se distinguèrent tout
particulièrement par l'incohérence et le désaccord de leurs dépositions.

L'un d'eux assura d'une façon péremptoire que le dépositaire du
funèbre colis était un grand gaillard à barbe rousse, aux cheveux de
même nuance, et possesseur d'un fort accent allemand.

Un autre certifia que le coupable présumé était, au contraire, un
petit homme chétif et imberbe, s'exprimant avec difficulté, mais en très
bon français, dénotant même, à certaines particularités, une origine
parisienne.

Quelques autres enfin firent des déclarations aussi diverses, et tout
aussi susceptibles d'éclairer la justice.

M. Legaroux se répandait en imprécations bizarrement mêlées de
citations virgiliennes, quand le parquet mandé arriva.

Tandis que le chef de la sûreté, M. Machefer, s'absorbait dans un examen minutieux de la caisse, puis du livre de dépôt, sans rien trouver qui le pût mettre sur une piste quelconque, M. Jolibois, le procureur de la République, donnait ordre que l'on fît comparaître devant lui : premièrement, tous les employés de la gare, jusqu'aux balayeurs et aux lampistes, puis ensuite tous les voyageurs partant pour la direction de Marseille ou en arrivant.

Le digne magistrat n'eut même pas un instant la pensée d'interroger d'abord les voyageurs, gens pressés d'ordinaire, et, sur les réclamations qui lui furent faites à cet égard, il déclara qu'en vertu de son pouvoir discrétionnaire il ferait arrêter sur-le-champ quiconque se permettrait le moindre murmure.

Quelques personnes munies de billets de troisième classe émirent bien l'opinion qu'il était inutile d'avoir renversé la Bastille pour jouir, cent ans après, d'aussi médiocres libertés; mais ces protestations furent faites sur un ton si discret, qu'elles ne parvinrent point aux oreilles de M. Jolibois.

Comme bien on pense, ces investigations laborieuses n'eurent aucun résultat, sinon de plonger les dépositaires du glaive de la loi dans une perplexité plus grande.

M. Machefer lui-même, — si renommé pour son habileté accoutumée à découvrir les auteurs des crimes les plus mystérieux, — ne put s'empêcher, entre haut et bas, de dire au commissaire que cette affaire serait bientôt *classée,* entendant par là, dans le jargon du palais, que l'assassin ne serait jamais découvert, et que le monceau de paperasses nécessité par l'enquête irait prochainement s'ensevelir, à tout jamais inutile, dans le tas poudreux des dossiers de la préfecture de police.

Le lendemain, les journaux publiaient à grand fracas le *Crime de la gare de Lyon;* chacun donnait à cet égard les hypothèses les plus

saugrenues touchant les mobiles et l'auteur présumé de ce qu'ils quali-
fiaient un « abominable forfait ».

Plusieurs feuilles de moindre importance faisaient crier dans les
rues d'horribles détails. Bref, c'était l'événement du jour, et tout Paris
s'en entretenait avec cette avidité d'émotions et cette soif de nouvelles
qui fait de la grande ville, sous ce rapport au moins, une amplification
de la province.

La police de sûreté était aux abois. Il ne s'agissait plus maintenant
de *classer* l'affaire ; elle faisait trop grand tapage, et, pour M. Machefer,
il y allait peut-être de sa situation, car en ces conjonctures il était le
bouc émissaire, et on l'attaquait avec une violence qui pouvait lui faire
craindre avec raison d'être sacrifié par qui de droit aux criailleries de
l'opinion publique, encore qu'à sa place nul assurément n'eût pu être
plus habile ni sans doute plus heureux.

Il était donc dans un état d'âme assez verdâtre, quand M. Talonnet
fit irruption dans son bureau. Pâle, hors d'haleine, le secrétaire ne
songea même pas à s'excuser de ce que sa brusque entrée pouvait avoir
d'inconvenant, et il s'écria, encore haletant :

« Nous le tenons, monsieur le chef de la sûreté, nous le tenons !

— Qui ça ?

— Mais Lui, l'auteur du crime de la gare de Lyon !

— Ah ! mon ami, si c'est bien réellement lui, vous pouvez vous
vanter d'avoir opéré une capture qui vous fera honneur et vous procu-
rera de l'avancement !... Mais ne perdons pas de temps. Où est cet
homme ?

— A la gare, sous bonne garde.

— Je vais aller l'interroger moi-même. »

Quelques instants après, dans le cabinet de M. Legaroux, comparaissait entre deux agents, les menottes aux mains, un petit vieillard aux

cheveux rares, d'un blanc jaunâtre, au visage sec et ridé, qui offrait avec la victime une singulière ressemblance.

Ne serait-ce point son frère? songea à part lui M. Machefer.

Puis à haute voix :

« Vous reconnaissez avoir déposé à la consigne de cette gare,

Un petit vieillard comparaissait entre deux agents.

il y a un mois, — nous préciserons la date, — une caisse portant le numéro 226, et que vous êtes venu réclamer tout à l'heure?

— Mais certainement, monsieur, répondit le petit vieillard, et je ne comprends pas pourquoi, en me présentant au bureau, j'ai été arrêté et ligotté comme un malfaiteur. Je compte adresser une plainte au préfet de police, et vous verrez alors à qui vous avez affaire.

— Vous me faites songer, répliqua le chef de la sûreté, que j'ai oublié de vous demander vos nom, prénoms et qualités.

— Tibulle Lerdunois, de l'Institut, commandeur de la Légion d'honneur, domicilié à Paris, 22, rue de Verneuil.

— C'est ce qu'il faudra établir. Déliez les mains de cet homme, et veillez bien sur lui. Suivez-moi pour la confrontation. »

M. Machefer prit place dans un fiacre avec l'inculpé et un agent; l'autre agent monta sur le siège, à côté du cocher, et le véhicule partit au grand trot pour s'arrêter, une demi-heure après, derrière Notre-

Dame, à la porte d'un bâtiment de médiocre dimension et de sombre apparence. Là, dans une petite salle, se trouvait la fameuse caisse.

Sur un geste du chef de la sûreté, auquel s'était joint le procureur de la République appelé par téléphone, un agent enleva brusquement le couvercle, et M. Jolibois, d'un ton un peu théâtral, demanda :

« Reconnaissez-vous...

— Je crois bien que je la reconnais! s'exclama M. Lerdunois; mais je vous tiens pour responsables, si l'on a le moins du monde endommagé la momie de Rhadamès XXIII, que le ministre de l'instruction publique m'a donné mission de rapporter d'Égypte!... »

M. Machefer et M. Jolibois, après vérification facile d'ailleurs, ne surent d'abord s'ils devaient rire ou se fâcher; finalement ils demeurèrent confondus et de fort méchante humeur, car vous imaginez bien de quels brocards ils furent accablés, et les journaux ne s'y épargnèrent point.

M. Lerdunois rentra naturellement en possession de son illustre momie, pour laquelle il avait conçu de poignantes inquiétudes pendant le long mois durant lequel il était resté au lit, cloué par les fièvres qui l'avaient empêché de venir réclamer plus tôt son précieux dépôt.

A L. MALPERTUIS

HEUREUSE MÉPRISE

« Veux-tu du café, Roger? »

HEUREUSE MÉPRISE

« Veux-tu du café, Roger ?

— Merci, ma tante ; vous savez bien que je ne fume plus. »

Mme Fougerolle affermit par un geste familier ses lunettes d'or sur son nez, et posa son éternel tricot sur une petite table à portée de sa main.

Indices précurseurs d'une mercuriale un peu prolongée.

« Mon cher enfant, fit la vieille dame, il est permis d'être distrait ; tu es attaché aux Affaires étrangères, tu travailles beaucoup pour obtenir de l'avancement dans « la carrière » ; partant, tu es excusable jusqu'à un certain point de demeurer souvent préoccupé, absorbé même. Cependant il ne faut rien exagérer, fussent les meilleures choses, et je te vois avec un grand déplaisir devenir absolument insociable. Cela est d'autant plus fâcheux, que tu es en âge de te marier ; tu n'y ressens, m'as-tu dit, aucune répugnance, bien loin de là. Or je crois avoir trouvé une jeune fille qui, à tous égards, réunit les qualités désirables pour devenir la compagne de ta vie.

— En vérité, ma tante ? Et quel est cet oiseau rare ?

— Un fort joli oiseau, mon enfant ; et nous aurons bientôt, j'espère, à remercier la Providence de nous l'avoir fait dénicher.

— Voilà un signalement un peu vague, ma bonne petite tante.

— Ah ! ah ! nous ne sommes plus distrait maintenant ; ce sujet nous intéresse. Allons, je ne veux pas te faire languir trop longtemps. Tu vas prendre ce soir, à la gare du Nord, le train de Calais ; j'ai écrit sur ce papier l'adresse de M. Durand, le père de ta future ; ne va pas l'égarer, suivant ta déplorable habitude. On t'attend ; tu seras reçu par de braves gens sans cérémonies, et on ne fera aucune allusion à l'objet de ta visite. Au bout de quelques jours, si la jeune fille te convient, tu feras ta demande ; tout me porte à croire qu'elle sera favorablement accueillie. Alors tu me préviendras, et je réglerai avec la famille de ta fiancée les derniers détails, qui demandent un esprit plus rassis que le tien. Tout cela te convient-il ?

— Je crois bien ! Que vous êtes bonne, ma tante !

— Il faut bien que je remplace tes pauvres parents, puisque le bon Dieu les a rappelés à lui. »

Et l'excellente femme essuya une larme furtive.

Le soir même, Roger Fougerolle, rêvant de la fiancée inconnue, prenait son billet pour Calais, passait sur le quai... et s'installait tranquillement dans le train d'Ostende, où il se mit à songer de plus belle à son bonheur probable.

A la frontière belge, il était profondément endormi ; et comme sa malle ne l'avait point suivi dans son erreur, on ne réclama pas sa présence dans la salle de visite des bagages.

Quand il se réveilla de ce somme prolongé, le train stoppait en gare d'Ostende.

Un employé murmura, avec un fort accent de terroir, des paroles à peu près inintelligibles, concernant les « voyageurs pour Londres par Douvres ».

« Je n'en suis pas, moi, du paquebot Calais-Douvres, murmura Roger à part lui ; et je n'ai aucune envie, aujourd'hui, d'aller en Angleterre. Diantre ! qu'ai-je fait de l'adresse de M. Durand ? »

Il fouilla toutes ses poches, les retourna fiévreusement, et ne trouva rien.

« Charmant ! fit-il avec humeur ; comment vais-je faire ! Ma foi, ma tante m'a dit que mon futur beau-père était « aussi connu que considéré dans la ville » ; si ses concitoyens ont pour lui un degré d'estime raisonnable, je trouverai bien quelqu'un qui m'indiquera sa demeure. »

Il descendit de wagon, et, choisissant dans la foule des commissionnaires en blouse blanche qui persécutaient les arrivants de leurs offres de service, il en avisa un dont la figure lui sembla plus intelligente.

« Mon ami, connaissez-vous M. Durand, un très riche propriétaire de la ville, qui habite tout près de la mer ? J'ai égaré son adresse, mais je sais que sa villa est située près du Casino.

— M. Durand ? répondit l'homme, ça est une fois le marchand

de *vélocipettes ;* il demeure rampe Christine, numéro 13, savez-vous. »

Tiens, pensa Roger, c'est un commissionnaire belge.

Puis tout haut, en donnant une pièce de monnaie à son interlocuteur :

« Merci, mon ami. Voici mon bulletin de bagages, vous porterez ma malle à la villa de M. Durand, c'est chez lui que je descends. »

Il y avait en effet un M. Durand, 13, rampe Christine, chose médiocrement surprenante, attendu le nombre incalculable de créatures humaines portant ce nom si répandu.

Ce Durand-là était un commerçant d'une scrupuleuse probité, doué en outre d'un caractère doux et jovial un tantinet prudhommesque, possédant une femme excellente et une fille jolie à miracle, revêtue de toutes les qualités paternelles et maternelles, sans compter les siennes propres.

Dans ce paisible intérieur on attendait, comme un événement important, l'arrivée de Barnabé Papineau, le fils du représentant de la maison de commerce à Paris.

Papineau père était un vieil ami de vingt ans, presque un associé. Sa fortune, considérable, égalait celle des Durand ; son rejeton passait pour un garçon rangé et travailleur, et ma foi, qui sait ? peut-être y avait-il en lui un mari pour Geneviève.

Barnabé, sans préciser de date, avait annoncé sa venue imminente ; tout était prêt pour le recevoir. Aussi quand la bonne, précédant Roger, dit en ouvrant la porte du salon où la famille était réunie : « Monsieur, c'est un monsieur de Paris que monsieur attend, » sur-le-champ l'excellent Durand se précipita dans les bras de Fougerolle en s'écriant :

« Mon jeune ami, je suis heureux de vous voir ! Nous vous attendions. Ma femme,... ma fille Geneviève... Voici le fils de mon vieil ami. »

Ma tante ne m'avait point dit qu'il avait connu mon père, songea
Roger. Elle est charmante, Mlle Geneviève !

La journée se passa dans des démonstrations de cordialité incroyables.
On visita la ville, le port, la plage. Roger continuait à se croire, de la
meilleure foi du monde, à Calais, prenant les soldats belges pour des

On visita la ville, le port, la plage.

douaniers et s'étonnant un peu du « patois » incompréhensible des
Boulonnais.

Le soir venu, il semblait à tout le monde que l'on s'était toujours
connu ; et Mlle Geneviève éprouvait déjà une sympathie prononcée pour
ce beau garçon, souriant, spirituel et bon.

Mais à minuit on entendit un violent coup de sonnette, et la petite
bonne accourut d'un air effaré annoncer à son maître qu'un monsieur,
prétendant se nommer Barnabé Papineau, demandait à lui parler.

M. Durand faillit tomber de son haut.

Quand il se reprit :

« Janneke, prononça-t-il, c'est un chevalier d'industrie. Évidemment il aura appris à Paris que le fils de mon correspondant devait venir ici, et il aura comploté de se faire passer pour lui, afin de nous escroquer. Mais il va voir à qui il a affaire. Janneke, faites-le entrer.

— S'il vous plaît, monsieur, faites attention. Ça est un homme de mauvaise figure, savez-vous ; je ne sais pas le regarder sans avoir peur.

— C'est bien. Il trouvera à qui parler. »

Barnabé rentra, rougeaud et gauche, d'allure embarrassée, long, sec ; son physique ingrat ne plaidait point en sa faveur.

« Mon cher monsieur Durand, je vous demande pardon de me présenter chez vous si tard ; mais mon père, M. Papineau...

— Alors vous affirmez vous nommer Barnabé Papineau ?

— Mais, sans doute, je...

— Croyez-moi, malheureux égaré, renoncez à cette prétention.

— Comment ! renoncer ? Que voulez-vous dire ?

— Vous jouissez d'un toupet exorbitant ; mais vous jouez de malheur, Barnabé est ici.

— Barnabé !!!

— Ah ! vous constatez maintenant l'insuccès de votre criminelle tentative. Voyons, mon ami, je n'attaque pas votre probité ; vous avez voulu m'escroquer, je trouve cela tout naturel, c'est-à-dire... Enfin je vais vous donner un bon conseil : fuyez, et sachez-moi gré de ne pas vous remettre entre les mains de la gendarmerie pour subir la sévérité des lois.

— Par exemple, c'est trop fort ! Si vous ne voulez pas me recevoir, dites-le-moi ; mais je trouve ce procédé hideux ! M'accuser...

— Je vous le répète, déplorable faussaire, allez-vous-en, ou je serai forcé de livrer votre tête au glaive du commissaire de police.

— Comment ! vous voulez ma tête, à présent ! Ah bien ! ah bien ! Mais, misérable vieillard, je ne veux pas qualifier votre conduite, elle est révoltante ! »

Barnabé criait du haut de sa tête, au point qu'attirés par le vacarme, Roger, Mme Durand et Geneviève arrivèrent, doutant si le feu était à la maison.

« Ah ! vous venez fort à propos pour confondre ce misérable imposteur, mon jeune ami. Ne prétend-il pas être Barnabé Papineau ?

— Eh bien ! demanda Roger ingénument, qui vous fait croire qu'il ne se nomme pas ainsi ?

— Mais puisque c'est vous, Barnabé...

— Moi, jamais de la vie !

— Vous n'êtes pas Barnabé Papineau ? »

M. Durand s'écroula dans un fauteuil, hébété de stupeur.

« Nullement. Je me nomme Roger Fougerolle, et...

— Mais alors que veniez-vous faire ici ? »

Comme bien on pense, l'explication fut courte et facile. Chacun reprit son personnage normal, et l'imposteur involontaire écrivit quelques jours après à sa tante pour lui annoncer triomphalement l'heureuse issue de sa dernière distraction, la priant de venir « régler avec la famille de la future les derniers détails du mariage de son neveu avec Mlle Durand, — point celle de Calais ».

« Mais je ne regrette pas ma méprise, » concluait-il.

A Léon LANDAU

FOLIE DANGEREUSE

M. Rotignac sortit majestueûsement.

FOLIE DANGEREUSE

Le café du *Globe*, à Montparnasse. Aspect général d'un café de province ; chaque soir, quelques notables du quartier s'y réunissent pour l'inévitable partie de manille ; cela est devenu une sorte de cercle, et on y discute les plus graves questions politiques à l'ordre du jour, aussi bien que les événements d'intérêt local, qui n'excitent pas de moindres passions.

Dans un coin, un peu à l'écart, deux personnalités considérables de l'endroit se livrent avec ardeur au noble jeu de bézigue.

M. Achille Letournois, sur la tête de qui quarante printemps ont enlevé la presque totalité du système pileux, rachète ce désavantage physique par une grande expression de dignité, abondamment répandue sur sa figure ronde et colorée, encadrée d'une barbe jadis fulgurante, aujourd'hui poivre rouge et sel.

M. Rotignac, son adversaire, a vu s'écouler trente-cinq hivers sans qu'aucun dommage en soit résulté pour sa face très brune et sa barbe très noire, dévoilant l'une et l'autre une origine incontestablement méridionale.

La partie n'a point été sans incidents ; un « quatre-vingts de rois » a surtout soulevé un orage, M. Letournois ayant affirmé avec une grande véhémence que M. Rotignac « l'avait compté déjà ». Il s'en est suivi quelque aigreur, et les deux joueurs, l'incident résolu non sans peine, ont gardé une rancœur en leur âme ulcérée. Ces sortes de complications, dans la vie intime, ne sont point sans gravité, et qui sait si ce n'est point à un événement de cette nature que fut jadis due la célèbre rivalité des Montaigu et des Capulet, qui ensanglanta si longtemps la malheureuse Vérone ?

Le jeu terminé, les deux partenaires entament une âpre discussion sur le fait du jour, qui passionne tout Montparnasse.

Il s'agit d'une maison hantée, dont les locataires racontent chaque jour un phénomène nouveau, mettant le quartier dans un étrange émoi et faisant l'objet de commentaires sans fin.

M. Rotignac se pique d'être esprit fort, et prétend tout expliquer à l'aide des découvertes de la science moderne. M. Letournois, non moins incrédule en ce qui touche les questions religieuses, accepte néanmoins comme article de foi les racontars, singulièrement enjolivés, ayant trait aux incidents mystérieux de l'immeuble envahi par les esprits.

M. ROTIGNAC

Je vous le répète, Letournois, ma raison se refuse à accepter pour véritables les histoires de bonnes d'enfants dont vous me rebattez les oreilles.

M. LETOURNOIS, piqué.

Il n'est pas question de bonnes d'enfants dans cette affaire ; les plus hautes personnalités du quartier ont constaté ces phénomènes et sont demeurés d'accord qu'ils étaient absolument surnaturels.

M. ROTIGNAC

Et moi je vous dis que tout peut s'expliquer scientifiquement. J'ai connu un particulier qui, quatre fois par an, à des époques régulières, était réveillé au milieu de la nuit par des bruits sourds suivis de tapage assourdissant et par des exclamations de voix étouffées, qu'il attribuait naturellement à des fantômes. Son propriétaire, moins craintif et plus avisé, ne tarda pas à se rendre compte de ce qui causait ces bruits surnaturels. Mon ami habitait un rez-de-chaussée, placé exactement au-dessus d'une fosse appartenant à la maison voisine, et que venaient consciencieusement vider, en des moments précis, les modestes agents de cette compagnie d'utilité publique qui opère la nuit, avec de grands tonneaux en fer.

M. LETOURNOIS, vexé.

Vous me permettrez de vous dire, monsieur Rotignac, que je trouve votre comparaison impertinente.

M. ROTIGNAC

Il n'y a là aucune impertinence, et si votre maison hantée est le théâtre de phénomènes qui vous semblent dus aux esprits, il est fort probable que ces manifestations peuvent s'expliquer par des déductions purement scientifiques.

M. LETOURNOIS, ironique.

Dans ce cas, monsieur Rotignac, qui vous empêche, vous si fort et si habile, de nous expliquer clairement ces prodiges?

M. ROTIGNAC

J'ai des occupations plus intéressantes pour le moment, et je n'éprouve nullement le besoin de consacrer mes veilles à éclairer le jugement des badauds.

M. LETOURNOIS, furieux.

Alors, monsieur, vous me considérez, moi, comme un badaud?

M. ROTIGNAC

Je n'ai pas dit cela.

M. LETOURNOIS

Mais vous le pensez, monsieur.

M. ROTIGNAC, agacé.

Je ne vous permets pas, monsieur Letournois, de pénétrer ainsi avec effraction dans ma pensée intime.

M. LETOURNOIS

Monsieur Rotignac, la pensée de l'honnête homme ne doit pas craindre le grand jour; il n'y a que les malhonnêtes gens et les sots qui dissimulent leurs sentiments.

M. ROTIGNAC, se fâchant.

Monsieur Letournois, vous en êtes un autre!

M. LETOURNOIS, <small>exaspéré.</small>

Un autre! Vous avez dit un autre! Tenez!

Et M. Letournois, au comble de la fureur, envoya à son interlocuteur un soufflet formidable.

M. Rotignac devint cramoisi, par le phénomène scientifique de la réaction sanguine; puis il blêmit, verdit et finalement jaunit, en moins de temps qu'il n'en faut pour l'exprimer.

Enfin il recouvra un sang-froid relatif, et dit à l'insulteur d'une voix étranglée :

« C'est bien, monsieur, demain vous aurez de mes nouvelles ! »

Puis il sortit majestueusement, oubliant dans son trouble de régler sa consommation.

M. Letournois la paya avec la sienne, non sans humeur, et en déclarant le procédé incorrect. Après quoi il rentra chez lui et se coucha.

Il dormit fort mal; un déplorable cauchemar le mit aux prises avec M. Rotignac, armé d'un immense sabre de cavalerie et s'escrimant contre lui avec une ardeur redoutable, au point que l'infortuné champion des esprits se réveilla baigné de sueur et glacé d'effroi.

Il ne put retrouver le sommeil, et se trouvait dans de fâcheuses dispositions d'esprit, lorsqu'à neuf heures du matin un violent coup de sonnette retentit à sa porte.

La bonne lui apporta deux cartes :

ALFRED BIDARD

<small>Négociant en denrées coloniales.</small>

et

EUGÈNE COCCINAL

<small>Bandagiste.</small>

« Ces messieurs demandent à parler à monsieur, fit la servante; ils disent qu'ils ont absolument besoin de le voir.

— Faites entrer, » commanda Letournois en se drapant dans sa robe de chambre à ramages.

Les deux visiteurs furent aussitôt introduits.

Un déplorable cauchemar le mit aux prises
avec M. Rotignac.

Ils étaient tout de noir vêtus : redingote noire boutonnée très haut, pantalon noir, cravate noire et gants noirs.

M. Coccinal dit en s'inclinant :

« Monsieur, nous sommes envoyés auprès de vous par notre ami M. Rotignac ; j'imagine que vous devez comprendre le but de notre visite.

— Oui,... c'est-à-dire non,... je... Si vous voulez avoir la bonté de m'expliquer ce qui me vaut le plaisir...

— C'est bien simple, monsieur : notre ami, ayant été insulté et frappé par vous, nous a chargés de vous demander une réparation par les armes. Comme homme du monde et comme officier (M. Rotignac était aide-pharmacien dans l'armée territoriale), il se doit à lui-même de laver cette injure dans le sang. »

Ici M. Coccinal prit une pose qu'il jugeait tragique.

« Cependant, messieurs..., gémit Letournois.

— Nous avons seulement mission de nous mettre en rapport avec vos témoins, interrompit sévèrement M. Alfred Bidard, et nous ne pouvons accepter aucune excuse.

— S'il en est ainsi, je vous prierai, messieurs, de vouloir bien vous rendre au café du *Globe,* dans la petite salle du fond, et dans quelques instants deux de mes amis vous y rejoindront. »

Les visiteurs saluèrent avec la dignité froide qu'ils crurent de circonstance, et prirent congé.

Deux heures après, l'on sonnait de nouveau.

Cette fois, c'était le docteur Lestagnac, un des témoins de Letournois.

« Eh bien?

— Eh bien, ton affaire est arrangée... »

Achille fit un bond de joie folle.

« Oui, tu te bats demain à sept heures, au bois de Vincennes, à l'épée. »

Letournois tomba évanoui sur un fauteuil.

« Sapristi! grommela le médecin, comme c'est agréable! Ce gaillard-là va se trouver mal sur le terrain, à moins qu'il ne devienne fou... Oh! quelle idée! »

Quand son client fut revenu à lui, Lestagnac lui tint ce langage :

« Mon ami, tu ne me parais pas un foudre de guerre, et je ne crois pas me tromper beaucoup en supposant que je te rendrais un réel service si je te fournissais un moyen de ne pas te battre.

— C'est-à-dire que tu me sauverais la vie, car...

— Bon, bon. Eh bien, voici comment nous allons procéder : je vais déclarer que tu es devenu fou subitement, et même fou furieux, afin qu'on ne vienne pas vérifier ton état, ce qui t'obligerait à jouer une fort ennuyeuse comédie. Est-ce convenu ?

— Mais on découvrira bien vite la supercherie.

— Du tout, tu iras passer quelques jours à la campagne, je raconterai que tu es guéri, le souf-flet passera sur le compte de ta... maladie, et tout sera arrangé ainsi.

— J'aurais préféré un autre moyen; mais enfin va pour celui-là, et merci. »

Letournois, tout à fait rassuré, dîna d'un excellent appétit, se cou-cha et dormit tout d'un somme jusqu'à neuf heures du matin.

Il fut réveillé par une sensation étrange.

Les deux visiteurs étaient tout de noir vêtus.

Deux vigoureux gaillards le tenaient fortement par les bras et le revêtaient d'une camisole de force, grâce à laquelle il ne put bientôt plus faire le moindre mouvement.

Il sortit bientôt de sa stupeur et poussa des cris à rendre sourdes toutes les personnes présentes.

« Bâillonnez-le, fit un monsieur très grave qui semblait commander aux bourreaux, sans cela il ameuterait tout le quartier. Et vous dites, ajouta-t-il en se tournant vers le concierge de la maison, qui se tenait

prudemment à l'écart, que ce malheureux a déjà commis plusieurs actes de violence?

— Je crois bien, monsieur le docteur! Hier, au café, il a à moitié assommé un de ses meilleurs amis.

— C'était le premier accès, il en aura d'autres évidemment, et M. Coccinal a bien fait de me prévenir. Allons, en route, et ne perdez pas le malade de vue. »

Il fut conduit dans une maison de fous.

M. Letournois resta un mois dans la maison de fous où on l'enferma, et où il pensa devenir réellement aliéné, grâce aux soins touchants dont on l'accabla. Son ami Lestagnac, accouru pour le délivrer, eut des peines infinies à le faire sortir et à faire admettre sa guérison.

« Voyez-vous, lui disait le directeur, tant qu'il persistera à soutenir qu'il n'est pas fou, nous ne pourrons pas lui donner son exéat, c'est le symptôme le plus certain de la folie; tous les malheureux qui en sont atteints prétendent avoir toute leur raison. Quant à votre histoire de duel et de comédie jouée par votre ami, c'est fort gentil à vous de l'avoir trouvée pour le faire relâcher, mais vous pensez bien que, si elle était exacte, nous n'en eussions pas été dupes. »

Et M. le directeur eut un sourire capable.

Letournois put enfin recouvrer sa liberté, mais il dut changer de quartier; dans le voisinage on ne l'appelait plus que le « fou », et il inspirait une certaine terreur qui le faisait éviter comme dangereux.

LA MALLE

Et le petit arabe dévorait l'espace.

LA MALLE

Trois heures sonnèrent lentement à une pendule de voyage placée sur une petite table, à la tête du lit.

Le lieutenant Gaston Derieux ouvrit les yeux et s'étira paresseusement.

C'était une de ces belles nuits d'Afrique du mois de juin, par lesquelles des clartés blanches apportent une lumière douce et aussi intense qu'une aube de France. On y voyait comme en plein jour, et l'on apercevait distinctement les moindres bibelots suspendus aux murs, blanchis à la chaux, de la vieille maison mauresque de Mustapha, occupée jadis, avant la conquête, par le harem d'Eyoub.

Derieux jeta un regard distrait sur le cadran et poussa une exclamation de stupeur :

« Trois heures !... Sapristi ! le régiment doit sortir du quartier !... Eh bien, je suis gentil, moi ! »

Et s'élançant d'un bond dans un petit escalier caché par un splendide tapis turc, il gagna en trois enjambées la terrasse surmontant la maison et appela rageusement :

« Poulet ! Poulet ! »

Le propriétaire de ce nom pacifique ne répondit pas.

« L'animal dort encore. Je tiens mes huit jours d'arrêt, parbleu ! c'est comme si je les avais déjà ! »

Et, précipitamment, l'officier revêtit la tenue de manœuvre d'été des chasseurs d'Afrique : la culotte rouge à double bande bleu de ciel, la veste blanche galonnée d'argent, le casque de toile ; puis, négligeant toute toilette, — chimérique à cette heure, — il descendit avec une rapidité fantastique, arriva à l'écurie aménagée dans les anciens bains maures et donna de formidables coups de pied dans la porte, en criant : « Poulet ! » avec une telle énergie, que cette fois l'interpellé répondit aussitôt :

« Voilà, mon lieutenant. »

Et une bonne figure bronzée, un peu inquiète, apparut, s'effarant davantage à mesure que le sommeil quittait ses paupières encore alourdies.

« C'est comme ça que tu me réveilles ?

— Mon lieutenant...

— Allons, dépêche-toi, selle-moi Salem, et vivement ; nous réglerons ce compte-là plus tard. »

A ce moment, une joyeuse fanfare de trompes arriva, apportée par une très légère brise venant de la mer.

Poulet comprit. C'était le régiment qui passait en bas, traversant Belcour pour se rendre au champ de manœuvres d'Hussein-dey.

En un instant le cheval fut prêt. Derieux d'ailleurs le bridait lui-même avec une fiévreuse impatience, tandis que l'ordonnance le sellait.

L'officier sauta en selle en grondant :

« Tu coucheras à la boîte ce soir, toi, et là on te réveillera à temps, sois tranquille. »

Puis il enfonça ses éperons dans le ventre du cheval, qui partit à un galop furieux.

Tout en gravissant la côte, Gaston l'excitait encore :

« *Aroa*[1], Salem, *fissa*[2] ! En arrivant à moitié route, nous en serons peut-être quittes pour quatre jours. »

Et le petit arabe dévorait l'espace, secouant sa longue crinière et prenant une allure folle.

Pour regagner la route, le lieutenant descendit à travers bois, sous la batterie des Arcades, par une pente escarpée, presque à pic, au risque de se rompre vingt fois le cou.

Enfin, à hauteur du cimetière arabe, il aperçut un épais nuage de poussière ; il accéléra encore son allure, atteignit enfin la colonne des chasseurs d'Afrique, et prit sa place sur le flanc de son peloton.

Tout à coup il aperçut un de ses camarades.

« Valbert, fit-il à mi-voix.

— Tiens, te voilà, toi. Tu arrives de bonne heure.

— Mon ordonnance ne m'a pas réveillé.

— Eh bien, tu peux te vanter d'avoir de la chance, le capitaine est malade ; naturellement c'est moi qui l'ai remplacé, et je n'ai pas rendu compte que tu n'étais pas là.

— Tu ne sais pas le service que tu m'as rendu, car...

[1] En avant !
[2] Vite !

— Monsieur Derieux, monsieur Valbert ! » appela une voix derrière eux.

Les deux officiers se retournèrent et aperçurent le commandant Montbrison. Ils s'empressèrent de se rendre auprès de lui, le saluèrent, et demeurèrent silencieux, attendant, non sans quelque anxiété.

« Monsieur Derieux, vous venez d'arriver. Pourquoi êtes-vous en retard ?

— Je vous prie de m'excuser, mon commandant ; mon ordonnance ne m'a pas réveillé, comme je lui en avais donné l'ordre, et...

— C'est bien, monsieur, vous garderez les arrêts quatre jours. Quant à vous, monsieur Valbert, vous n'avez pas signalé l'absence de M. Derieux : c'est d'un bon camarade, mais vous avez manqué à votre devoir. Cependant je veux bien ne pas vous infliger de punition pour cette fois. N'y revenez pas. Maintenant, messieurs, vous pouvez rejoindre votre escadron. »

Les deux lieutenants saluèrent et reprirent leur place dans la colonne.

« Quelle guigne ! murmura Derieux.

— *Mektoub* [1] ! repartit philosophiquement Valbert.

— Parbleu ! tu peux te résigner toi ! tu en es quitte à bon compte ; mais moi... Oh ! ce Poulet, je lui ferai terminer son temps à la boîte !

— Gaston, la douleur t'égare. Tu ne feras pas pourrir le fidèle Poulet sur la paille humide de la salle de police !

— Mais tu ne sais donc pas que ces quatre jours d'arrêt vont peut-être briser ma vie ? »

Valbert regarda son ami avec l'œil inquiet dont on considère un malheureux soudainement atteint d'aliénation mentale.

« Parfaitement. Tu connais ma cousine Renée ? Tu sais que je

---

[1] C'était écrit ; locution usuelle parmi les Arabes.

l'aime depuis bien longtemps déjà et que nos parents ont enfin consenti
à notre mariage ?

— Eh bien ?

— Eh bien, je devais aller la voir demain à Blidah, où elle s'est
installée avec sa mère chez un vieil oncle, capitaine retraité.

Les deux chasseurs prirent les poignées et soulevèrent l'objet.

— Tu n'iras pas. Tu enverras un mot racontant ta mésaventure,
voilà tout.

— Ah ! tu crois ? Tu ne connais pas ma future belle-mère ; si elle
me savait puni, elle jetterait feu et flamme, à l'instar du Vésuve, et
m'exilerait à tout jamais.

— Mais le capitaine retraité lui expliquera...

— Il ne lui expliquera que trop, et à sa façon ; c'est un porc-épic,
il me noircira de telle sorte que je serai à tout jamais déshonoré dans
la famille : Détestable officier !... Jamais puni, moi, madame ; faisais

mon service, moi. Les jeunes gens d'aujourd'hui, mauvais serviteurs, celui-là pis que les autres encore, etc. etc.

— Sapristi ! »

Puis, après un moment de réflexion, Valbert reprit :

« Si tu allais raconter simplement la chose au commandant?

— C'est bien inutile. Tu le connais, il n'est pas méchant au fond ; mais il est d'une obstination incroyable, et tu sais aussi bien que moi qu'il ne lèvera pas mes arrêts. Au contraire, il me surveillera de plus près, et je ne pourrai même plus essayer de m'échapper pour une journée.

— Tu as donc l'intention d'aller tout de même à Blidah? Prends garde, c'est bien dangereux.

— Peuh ! c'est demain dimanche, je n'ai pas de service à faire ; le seul côté scabreux est le trajet de chez moi à la gare. Et puis, dans ma position...

— Au moins, tâchons de trouver un moyen de te faire franchir ces parages dangereux. »

On était, pendant cet entretien, parvenu au terrain de manœuvres d'Hussein-dey.

Valbert, distrait, prêtait une attention insuffisante aux formations en masse suivies de déploiements en bataille et aux autres péripéties émouvantes se succédant sans interruption.

Plusieurs fois le colonel dut l'interpeller.

« Le 2e escadron n'est pas à sa distance. Monsieur Valbert, vous êtes trop près du 1er escadron. Trompette, sonnez aux officiers !...

« Messieurs, j'appelle toute votre attention sur l'importance des intervalles que vous devez conserver. L'année dernière, aux manœuvres, le général nous a fait remarquer à Bouffarik... »

Suivirent de longues considérations sur les conséquences inévitables des fautes successives de Valbert.

Enfin le commandant du 2ᵉ escadron parut retrouver son sang-froid et fit exécuter avec un rare bonheur un combat à pied suivi d'une charge avec changements de direction, qui terminèrent le « travail ».

Au retour, Derieux dit à son ami :

« Voilà qui est un peu fort, c'est moi qui suis préoccupé et c'est toi qui es distrait !

— Ingrat ! je songeais à te tirer de ce mauvais pas ; et tu devrais me remercier, au lieu de te moquer de moi.

— Et tu as trouvé ?

— Quel train dois-tu prendre ?

— Celui de six heures quarante du matin, et je serai de retour à l'Agha à neuf heures huit, le soir.

— C'est bien. Ne t'inquiète de rien, attends-moi à six heures, je te procurerai le moyen de faire le trajet en toute sécurité.

— Mon bon Valbert...

— Tu me remercieras après. Parlons d'autre chose maintenant. Au trot ! Maaarche ! »

Le lendemain, Derieux était réveillé bien avant le temps fixé, pour cette excellente raison qu'il n'avait pas fermé l'œil de la nuit.

A six heures précises, Valbert apparut, suivi de deux chasseurs portant une malle énorme.

Il prit Gaston par le bras, et l'emmenant à l'écart :

« Voilà le fameux moyen.

— Mais je n'ai pas besoin de bagage, j'aurai assez de peine à me dissimuler moi-même. Quelle est cette plaisanterie ?

— Le bagage, ce sera toi.

— Comment ?

— Laisse-moi finir, impétueux jeune homme. Tu vas t'insinuer discrètement dans ce réceptacle, dont le confortable peut se discuter,

mais dont la sécurité demeure indéniable. Comme tu as contracté
l'habitude, parfois gênante, de respirer sans interruption, j'ai adroitement pratiqué des trous pour laisser passer l'air. Les deux chasseurs
les plus stupides que j'aie pu trouver, Maton et Dubos, vont te trans-
porter incognito jusqu'à la gare et te rapporteront de même ce soir.
Grâce à leur prodigieuse sottise, nous n'aurons rien à craindre d'eux :
et d'ailleurs je t'accompagnerai pour te délivrer et te *rencaisser,* mon
cher colis. Qu'en dis-tu ? Je pense qu'ainsi tu pourras remplir tes
devoirs de fiancé sans trop de risques.

— Je ne te cacherai pas que j'aurais préféré un autre moyen de
locomotion.

— J'avais bien pensé à t'amener une calèche découverte, mais ta
position exige plus de modestie.

— Enfin je me résigne.

— C'est heureux. Allons, prends place. Messieurs les voyageurs
pour Blidah, en voiture. Assieds-toi ; bien. Prends tes aises, ne crains
pas de choisir la posture qui te conviendra le mieux. Par exemple,
il est interdit de fumer.

— Je n'en ai pas envie, tu peux être tranquille.

— Bien, cette force d'âme me plaît. Maintenant, attention, je
ferme la portière. Là, voilà qui est fait. Es-tu bien ? »

Un grognement sourd répondit à cette question un peu bien
ironique.

« Allons, Maton, Dubos, enlevez-moi cette malle ; vous allez la
porter à l'Agha. »

Les deux chasseurs prirent les poignées et soulevèrent l'objet.

« Mon vieux, fit Maton, si j'étais de la classe autant comme elle
est lourde !

— Ah ben, mon colon, riposta Dubos, c'est malheureux quand
même ! »

Valbert interrompit ce dialogue :

« En avant ! »

Le fond de la malle avait cédé, et Gaston surgit soudainement.

Quand on parvint à la gare, sans incident notable, les porteurs étaient en nage.

« Maintenant, fit l'ami de Gaston, rompez, vous êtes libres. Rentrez au quartier, mais auparavant je vous autorise à prendre la goutte dans un casse-croûte quelconque. »

Et il leur donna une pièce de monnaie.

« Merci, mon lieutenant, » firent ensemble les deux camarades. Ils saluèrent et s'éloignèrent.

« Y a du bon, proclama Dubos.

— *Beseff*¹, souligna Maton.

Sur ce remarquable échange de vues, ils disparurent.

Derieux délivré respira longuement.

« Voilà le train, fit Valbert, saute dedans. Je vais mettre la malle à la consigne, et je te reprendrai ce soir. »

A neuf heures huit, et sans retard, — chose surprenante, — le convoi venant de Blidah arrivait à l'Agha, déchirant les airs d'un long et horrifique sifflement.

Gaston bondit hors du wagon et se précipita vers son ami :

« Rien de nouveau?

— Non. Et de ton côté?

— Non plus.

— Vite, dépêchons. »

Et dans un coin écarté de la gare on retrouva la malle, retirée de la consigne déjà et attendant le voyageur.

Celui-ci installé, les mêmes porteurs, qui étaient demeurés au dehors, furent invités à ramener le colis où ils l'avaient pris le matin.

Tout alla bien jusqu'à cent mètres de la maison de Derieux; mais là un craquement lugubre se fit entendre : le fond de la malle avait cédé, et Gaston surgit soudainement, tout de blanc vêtu, semblant dans la nuit une apparition fantastique, tel un diable sortant d'une boîte.

¹ Beaucoup.

Maton et Dubos, d'abord stupéfaits, poussèrent un cri de terreur et s'enfuirent à toutes jambes.

« Laisse-les partir et filons rapidement, » prononça Valbert, quand il fut revenu de sa surprise et de son envie de rire.

On arriva à la maison mauresque sans fâcheuses rencontres.

Là le fidèle Poulet, qui était dans la confidence, attendait son officier.

« Mon lieutenant, lui dit-il, le commandant est venu pour vous voir.

— Le commandant!...

— Oui, mon lieutenant. Mais je lui ai dit que mon lieutenant était malade, et que c'était probablement la petite vérole, vu que la petite fille du jardinier d'à côté l'avait. Alors il est parti très vite, en disant qu'il allait envoyer le médecin major, le docteur Mouton.

— Et alors?

— Alors le major était absent, le commandant était en colère après lui, et il a dit qu'il l'enverrait demain matin.

— Bon, je respire. Demain je lui dirai que je suis guéri. Poulet, je suis content de toi; tu ne seras pas puni pour cette fois. Mais si tu recommences, tu ne sortiras plus du clou!

— Merci, mon lieutenant, » fit le brave Poulet tout attendri.

Maton et Dubos, après leur panique, avaient regagné le quartier à toute vitesse. Le sous-officier de garde, voyant leur émoi, les interrogea, et comme ils affirmaient avoir vu le diable sur la route de Fontaine-Bleue, le maréchal des logis les déclara ivres-morts, et les incarcéra « de pied ferme », en jurant qu'il n'avait jamais vu « d'aussi sales troupiers ».

TABLE

27898. — Tours, impr. Mame.

www.ingramcontent.com/pod-product-compliance
Lightning Source LLC
Chambersburg PA
CBHW052103090426
42739CB00010B/2297